谁说你不能演讲

从小白到高手 演讲改变人生

程龙◎著

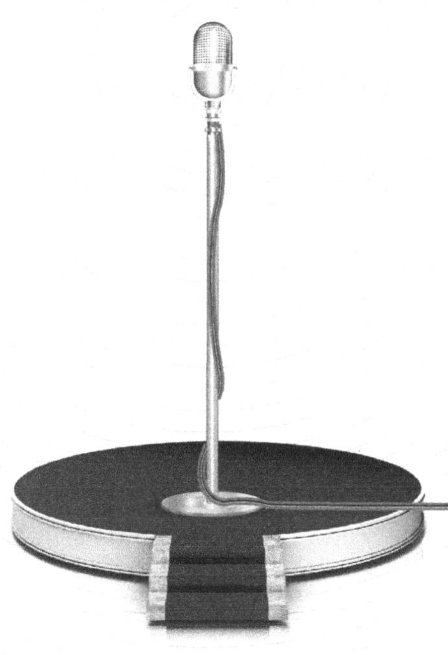

電子工業出版社
Publishing House of Electronics Industry
北京・BEIJING

自序

如果只学一个技能，就能带给自己一系列的改变，这个技能，就是演讲。

我从小在天津农村长大，在上海读大学时有两个理想：留在上海、找到一份世界500强公司的工作。可理想很丰满，现实却很伤感。

大一时跟同学一起面试学生会干事，同学通过了，我没有，因为自卑到连自我介绍都讲不清楚，痛！大二时面试去澳洲交流的机会，9个人申请，只有我没通过，因为面试时我紧张到浑身颤抖，痛！！大三时面试勤工俭学的工作，也没通过，因为面试官说我有口吃，痛！！！

大四时，很多同学都去了联合利华、汇丰银行这样的500强公司，而我，面试都是一轮游，因为我真心不会讲话……

2008年，大学毕业，为了留在上海，只能加入一家只有3个人的小公司，以极低的起点开始了我的职业生涯。电话中跟父母说我在上海一切都好，将来接你们过来，挂电话后，把头蒙在被子里哭……

痛！痛！痛！

人在极度痛苦的时候最容易改变。2008年，我下定决心，学习演讲，因为我不甘平庸，我要在上海立足！

从那时开始，我坚持听国内外的经典演讲，看沟通演讲等近百本演讲类书籍，每周到Toastmasters International演讲俱乐部（简称头马）现场演讲……没想到，这个过程给我带来了一系列的改变。

我比以前更自信了。每次在头马做演讲前，我都紧张得颤抖，但做完演讲后，那种完成挑战后的减压感真心赞，伴随着现场观众的阵阵掌声，成就感油然而生，心中那个爱嘚瑟的小人儿冒出来说：你也是可以做演讲的嘛！每次完成演讲，都是一次自信心的叠加，渐渐地，自信心就爆棚了。

人在有没有自信时区别很大。

没自信时怀疑人生：我可能这辈子就这样了，任命吧，眼睛一闭，不睁，这辈子就过去了，不带走一片云彩……

有自信时充满激情：我可以做更多，让挑战来得更猛烈些吧，不断遇见更好的自己，不枉我来这个世界一遭。

之前的很多时候，我都是被动输入的，看别人的文章、听别人的演讲……一天天，过得毫无回忆感，而演讲是极好的输出方式，这个输出倒逼我进行了大量有针对性的输入。开始不断通过演讲输出后，我发现，对每一天的印象都更深了，因为我需要提炼输出的素材与人分享。我发现，分享一本书后，就会对这本书印象更深，这些都是学习演讲带给我的意外收获。

意外收获还不止这些，同样的时间，台下聊天只能影响一个人，演讲可以影响几十上百人，时间效率大不相同，通过一次次的演讲，我结识了很多优秀的小伙伴，每一位小伙伴的背后都可能有一次改变我人生命运的机会。

2014 年，我在竞选中获胜，成为头马演讲俱乐部中国大区历史上最年轻的区长。

夜深人静时，我心生感慨，竟然就这样从一个惧怕演讲的小白，变成了一个享受舞台的人，从那时开始，我把演讲称为“霸占舞台”。

之后，在朋友的推荐下，我获得了苹果公司的面试机会，难度极高，第一轮就是 20 分钟的即兴演讲。这是一家我极度热爱的公司，不管是乔布斯、Mac，还是 iPhone，都让我下定决心必须要拿到 Offer。如果是 2008 年的我，面对如此挑战，直接就吓尿了，但不断霸占舞台的我，已经对舞台不再惧怕，我使用独创的“金包骨”法，迅速提炼核心金句、整理出逻辑骨架、填充故事和场景，顺利完成了这个挑战。后来，面试我的同事说，当时有质疑过我，因为我没有高科技行业的工作背景，但最终还是决定给我 Offer，因为我讲得很好。也是因为演讲能力，我成为了苹果公司大中华区培训师。

大三时看似虚无缥缈的理想——留在上海、找到一份世界 500 强公司的工作，一不小心都实现了，同时还获得了太多太多意想不到的收获，这一切，都要感谢 2008 年那个决定和一次次的霸占舞台。

演讲的价值正在变得越来越大，它可以帮助你通过面试、完成工作汇报、做好述职报告、赢得竞聘、主持会议、提升影响力、激励团队、做好年会总结、做成发布会、升职加薪、加速成长……

可以说，如果只学一个技能，就能带给自己一系列的改变，这个技能，就是演讲。

演讲改变了我的人生，我也希望通过帮助提升你的演讲能力来让你的人生更加精彩，这就是我的天赋使命——提升中国人演讲能力。

与其成为乔布斯的员工，不如成为像乔布斯一样改变世界的人，而我改变世界的方式，就是提升中国人演讲能力。所以，我辞去了苹果公司令人羡慕的工作，专注做这件事。

这本书是我的第一本书《演讲达人成长记》的修订版，由我在头马的成长故事改编而成，你可以读得很轻松，在轻松中就能吸收到演讲的干货技巧。

我在书的结尾处也为你写了一些心里话，先读书，我在那里等你哦！

备注：除了阅读这本书外，你还可以通过“喜马拉雅 App”和我的坚持课堂来学习我精心录制的音频和视频演讲课程。

目录

目录

第 1 章

不堪回首

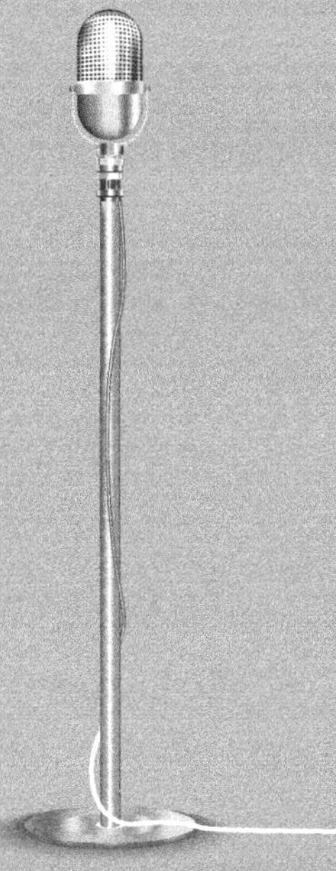

“在这浪漫婚礼进行曲的伴奏下，在这幸福的时刻里，两位新人心贴着心、手挽着手，向我们款款走来。让我们一齐祝福，祝福他们幸福、美满。”

“千万不要叫到我……观世音菩萨、如来佛祖、八辈儿祖宗，保佑我……”

王闯正在参加表哥和表嫂的结婚典礼。

参加婚礼是王闯最厌烦的活动之一，不是因为要送红包，虽然红包的厚度正随着 CPI 的上涨不断增加，但王闯明白，所有送出去的红包都会在他大婚那天收回来，就像花儿乐队唱的“拿了我的给我送回来”。王闯烦的是，他至今还没找到那位帮他赚回红包的“搭档”，更烦的是，他害怕自己被司仪叫上舞台为新人发表祝福演讲。王闯最怕公众演讲了，每次对着一群人讲话都会出现大脑间歇性空白，手脚冰得像僵尸，身体不停地颤抖，即使是在夏天。

“各位亲友的到来使得这里蓬荜生辉，给这场盛大婚礼带来了无尽的欢乐。下面，我郑重邀请亲友代表向新人致祝词。”

听到这句话，王闯的心脏就像奇瑞 QQ 装上了法拉利的引擎，一下子无法驾驭地狂跳起来。强烈的刺激让王闯感觉身体内部波涛滚滚，比 1998 年的洪水来得还要凶猛，濒临决堤。王闯急中生智，心想，何不溜进厕所，既能安全“泄洪”，又能躲过司仪的邀请。孙子兵法云：三十六计，走为上策。

十分钟后，王闯已经成功“泄洪”两次，但他还是不敢出去，一直在厕所内徘徊。厕所里不止王闯一人，还有一位女士。这位女士是正在打扫卫生的清洁工阿姨，阿姨在男厕所打扫卫生再正常不过了，50 多岁的人了，什么没见过？但唯独没见过如此迷恋厕所的人！

阿姨好奇地看着王闯，嘴角微动，仿佛在说：为何你如此迷恋这里，是有尿瘾症？还是对阿姨我有兴趣？

要说王闯，现年 25 岁，1 米 8 的大个，天津人，眼神深邃，眉毛浓密，棱角分明，确实对中老年妇女有着极大的杀伤力。

阿姨的目光越来越柔情，吓得王闯像法拉利装上奇瑞QQ的引擎，想快跑，却跑不起来，只好迈着沉重的步伐，朝婚礼现场挪去。

刚进门，王闯就听到司仪那刺耳的声音："新郎的表弟回来了吗？"没想到这个家伙如此敬业！王闯正要再次开溜，却被眼睛雪亮的人民群众"出卖"了！

"他在这儿呢！"

聚光灯一下子投射在王闯身上，他就像一只入瓮的鳖，再也无法逃脱，只好束手就擒，一步一步地走向舞台。

虽然仅走了十秒钟，王闯却感觉像在地狱走了十年。终于站到了台上，却不知道要说些什么，更不知道该怎么说，拿着麦克风的手在不停地颤抖，身体也随着手同步颤动。现场安静极了，甚至能听到电脑排风扇发出的嗡嗡声，仿佛是不间断的嘘声，王闯感觉自己快要昏过去了。

在所有人都为王闯捏把汗时，一位红裙少女像飞落人间的天使，轻盈地走上舞台，将一张纸稿递到了王闯手中。薄薄的A4纸，却成了救命稻草，王闯深吸一口气，照着纸上的内容磕磕巴巴地读了起来，至于读的是什么，他全然不知，脑海中唯一残留的记忆就是那一席大红色的裙子，和那个拯救他于危难的天使。

回到座位后，王闯像是个做错事的孩子，心里难受极了。当一个人被负能量笼罩时，大脑中映射出的记忆也大都是负面的，刚刚发生的尴尬，勾起了王闯心中一段难以抹去的回忆。那是大二时的暑假……

"同学们，本次暑期社会实践的宣讲会就要开始了，我负责主持，大家也来认领一下任务吧。"

"队长，我来讲国家新农村政策。"

“我负责讲旅游开发调研报告。”

……

同学们非常踊跃。

“很好，现在只剩‘贵州省新农村政策’这一项了，谁来？”

同学们纷纷把头转向一个角落……

角落里的王闯汗如雨下，一个简单的任务却成了他不能承受的生命之重。

“看来王闯同学有点紧张，咱们一起唱首歌给他打打气吧。”

同学们真好！王闯从心里感激他们。

“Baby，你就是我们的唯一，刀山火海也得去，不去谈何容易！”

这是打气还是威胁啊？

“我去还不行嘛……”

只有一天的准备时间，王闯拿着打印好的讲稿，那时的他不知道什么是视觉思维，什么是思维导图，只知道一个字，背！

宣讲日的中午，王闯蓬头垢面地从房间里走出来，来到队长面前，信心满满地说：“听我背一遍！”

队长为他鼓掌加油。

“贵州省的新农村建设叫四在农家，那个，那个，不要提醒我，我会背，富在农家，嗯、嗯，我知道，我知道，千万别提醒我……”

其他队员纷纷凑了过来，齐声献给王闯一首贾斯汀·比伯的经典名曲，

“背呗，背呗，背呗噢……”

当晚的宣讲会在市政府报告厅举行，遵义市、县、镇、村的主要领导纷纷到场，电视台记者也来了。

面对如此隆重的场面，所有同学都紧张了起来，忘词的忘词，颤抖的颤抖，

空气中悬浮的全部是紧张粒子，台下观众屏住呼吸，大气都不敢喘。勉强做完演讲的队员纷纷走出报告厅，好让自己彻底平静下来。

“最，最后一位演讲者，是王闯，有请。”队长不仅自己紧张，更为王闯感到紧张。

本来就临近崩溃的王闯，被紧张的气氛吓得彻底崩溃。他站起身，离开座位，向门的方向挪去，没错，是门！摄像机忙碌地捕捉着他的每一个动作，王闯一步一步地往前挪，挪到了门口，然后出门，再也没有回来……

王闯不知道之后发生的事，没有人告诉他，他也不敢知道，这件事，成了他心中一个难以抹去的梦魇。

思绪回到婚礼现场，王闯的眼眶湿润了，昨日的痛苦回忆尚未尘封，今日的苦痛经历再度来袭，难道这样的悲剧故事还要在明日不断重演？

王闯跑进洗手间，双手接住哗哗流出的冷水，往脸上狠狠地砸。他望着镜子中的自己，脸上布满水迹，分不清哪里是水、哪里是泪。

“我为什么不可以做好公众演讲？！凭什么我不可以？！”

一路下跌的股票需要强大的能量才能反转，这个能量，是成交量；一路下跌的人生需要强大的能量才能昂首向上，这个能量，是尊严！

此刻，王闯的心脏激情地跳动着，他坚定地告诉自己：“我，一定要，成为，演讲高手！”这十个字，牢牢地刻在了他的心里！

澳大利亚作家朗达·拜恩在《秘密》一书中写到，我们的愿景会以电磁波的形式传播到宇宙磁场中，磁场会帮助我们予以实现，愿景越强烈、越清晰，磁场的能量就越强大，愿景成真的概率也就越高。

“我，一定要，成为，演讲高手！”这十个字以超强电磁波的形式传播到宇宙磁场中，很快，宇宙磁场开始起作用了……

“下面，让我们以热烈的掌声有请今晚最后一位嘉宾——新娘表妹孟子涵小姐上台致祝词。”

司仪话音刚落，只见一袭红色在人群中跳跃，红得多么娇艳，像一股青春的热血洒向舞台中央。

“是她，她就是递给我稿子的天使，原来她叫孟子涵。”王闯想起了那炽热的红色，那团差点将他融化的红色。

子涵在舞台中央站定，双腿修长，身姿婀娜，美丽的脸颊看不出任何脂粉的痕迹，淡雅的微笑让人感到庄重与从容，活像一位落入凡间的天使。王闯揉了揉双眼，不敢相信世上竟有如此美丽的女孩。

“各位亲友，很高兴和大家共同见证表姐和姐夫的盛大婚礼，今晚，是他们爱情长跑的终点。可这个点，来得谈何容易。

“七年前，他们相恋于青葱校园，两个来自异乡的学子在两千公里外的上海找到了彼此最有力的依靠，他们不断经历挑战，都是为了让对方生活得更好。可是，表姐毕业后被迫回到老家，与姐夫分开了整整一年，这一年的离别，就像是用最先进的显微镜检查彼此的心，最终证实，两颗心，完美无瑕！一年后，表姐放弃了老家令人羡慕的工作，不顾父母的坚决反对，毅然回到上海与姐夫团聚，这次团聚后，他们再也不要分开。去年，他们终于在上海有了自己的小家。姐夫坚持只把表姐的名字留在房产证上，他说这是对表姐爱的承诺；而表姐也把自己的全部积蓄交给姐夫，她说这是对姐夫爱的信任！

“也许大家觉得这听起来像童话故事，因为在物欲横流的时代，爱已经变得有些世俗。但是我想说，当太多人选择在宝马车上哭的时候，也一样会有人选择在自行车上笑，而只有愿意在自行车上笑的人，才能体会到真爱的滋味，就像我的表姐和姐夫！

“今晚，是他们爱情长跑的终点，也是亲情长跑的起点。亲情长跑，没有终点！”

王闯被震撼到了，这个演讲中没有白头偕老、相濡以沫和早生贵子这样的传统祝福，而是用极其朴实的语言讲述了一个浓缩版的现代爱情故事，听起来却是那么舒服和悦耳。他不敢相信这位看起来和自己年纪相仿的女孩竟可以如此落落大方地演讲，自己的心，已被彻底征服。这就是演讲的魅力。

王闯知道癞蛤蟆吃到天鹅肉的难度，他更知道，最大的失败就是放弃追求成功的机会。青蛙可以变成王子，癞蛤蟆同样可以！此时的王闯，感觉到前所未有的振奋，这是荷尔蒙的力量！

第 2 章

单刀直入

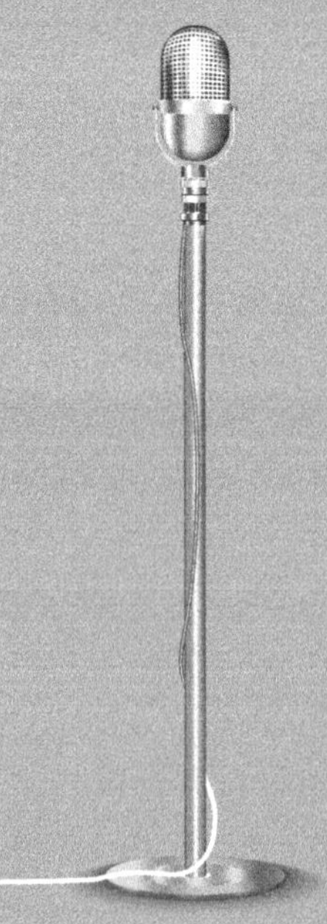

新郎和新娘开始向宾客敬酒，王闯借着“新郎表弟”这个头衔尾随其后，只有他自己知道，醉翁之意不在酒！敬完五桌后，王闯自觉有点上头，酒壮怂人胆，这个量刚刚好。到了第六桌，王闯没有再喝却彻底醉了，因为他看到了子涵。子涵身旁正好有个空位，王闯顺势坐了上去，因为腿软，站不住了。王闯坐定后暗自欢喜，心想，这个空位一定是丘比特、月老、红娘和缘分留给我的！

酒后的王闯仿佛被阿 Q 灵魂附体，这一刻，他不是一个人在战斗！

不过，摆在王闯面前的第一要务是确认子涵的感情状态，万一人家已经心有所属，那他岂不是鸡孵鸭蛋——白忙活了！

“你的脸好红，喝太多酒了吧？”子涵看到了身旁的王闯，关切地问。

王闯的酒马上醒了一半，好在酒精引起的红脸遮住了害羞引发的脸红。

“是喝得有点多，那个，你是新娘的表妹吧？”

“是的，新郎表弟。”

“别叫我新郎表弟了。你是我嫂子的表妹，咱俩也算是表亲了，我今年25岁，叫我表弟还是表哥？你来挑。对了，我叫王闯。”

王闯的酒全醒了，他这笔账算得很清楚，虽然攀上表亲给人的感觉像是亲戚而非情侣，但他明白，表哥和表妹、师兄和师妹、老板和秘书之间，有着史上最剪不断、理了更乱的微妙关系。

“我比你年长一岁，算是你的表姐吧，我叫孟子涵。”

姐弟恋，真搭啊！男人的平均寿命比女人短，我俩虽不能同年同月同日生，但可同年同月同日死！阿Q爷爷继续影响着王闯。

“子涵，今天你帮了我，我把这杯酒干了，以示感谢！”

说罢，杯中红酒咕咚下肚。其实王闯是想再加点酒精，增强胆量。

“你少喝点啊。今天是我对不住你，婚礼祝福环节是我负责的，但司仪给我的演讲名单里没有你，点到你时也吓了我一跳，只能用那篇万能演讲稿给你救场了，你读得还不错啦。”

“你就别取笑我了！对了，你的演讲一定准备了很久吧？实在是太精彩了！”

“我讲的内容都是表姐告诉过我的真实故事，没做准备，差不多是即兴发挥的。”

“即兴的？！”

王闯感到震惊的同时，没忘了他想要成为演讲高手的决心。他要向子涵拜师！如果子涵答应，他就既能提升演讲能力，又能找到和子涵的交集，有了交集，就有机会碰撞出爱情的火花，既成了高手，又获得了美人……王闯觉得此情此景，很迷人。

“子涵啊，你到底是何方妖怪？能把我也带成妖吗？”

“我是人，你才是妖呢！”

那我俩的后代岂不是人妖……王闯想远了。

“你的演讲一直这么厉害吗？”

“当然不是了，我爸爸是培训师，耳濡目染，我就渐渐迷上了演讲，大学毕业后加入了头马演讲俱乐部来系统地锻炼演讲能力，现在担任俱乐部的主席。演讲能力有先天因素，但更重要的是后天的锻炼。”

“子涵，我有个愿景，就是像你一样成为演讲高手，你看，我这块朽木还可雕吗？”

“难度嘛，是大了点，哈哈。不过，只要你敢想、敢做，就没有做不到的！今天太晚了，我们改天详聊，可以吗？”

“可以。”王闯故作镇定地说出这两个字。

一想到和子涵未来的无限可能，王闯刚刚回温的手脚再次降温，由此心生感慨，这种生物技术如果用到冰箱、空调等制冷设备中，那绝对节能、环保、制冷快啊！

“对了，今天怎么就你一个人来的？”王闯还没兴奋到忘记确认子涵的感情状态。

“我爸妈有些急事赶不过来了。”

王闯的小心思显然没有被子涵揣摩到。

“那你这么晚了一个人回家，安全吗？”

王闯继续试探，他想到最可怕的回答是：没关系，有人送我回家。

“没关系，今晚我不回家了。”

这比预想的答案更加可怕!

“不回家了？！”

“我要去闹洞房啊，就住在这里了。”

“一个人吗？”

“老公，你看表弟和表妹聊得热火朝天的，真应该早点给他俩介绍认识。”

“就是！小闯，子涵，你俩都还没对象，不如……在一起吧！”

新郎和新娘的突然出现让子涵异常尴尬，而新郎的话，让王闯那颗狂野奔腾的心儿激动得快跳出来了……

婚礼圆满结束，两人加了微信，就各回各家了。

王闯回到家中，思绪万千。“难道这就是吸引力法则？难道就是因为我坚定地迈出了改变的第一步，迎合这第一步的事就纷纷出现？还伴随着惊喜！太奇妙了！”王闯现在还无法得知答案，他此刻最该做的是想办法避免失眠。

子涵躺在酒店松软的床上，思绪同样凌乱，自从相恋三年的男友在车祸中突然离开，她始终无法放下。在婚礼现场看见王闯这个大男孩，他那深邃的眼神流露出的特别，给她一种说不出来的感觉……

第 3 章

惺惺相惜

子涵一夜无梦，睡得很踏实。王闯也一夜无梦，因为没睡着。

早上起来，王闯拿出手机发了条朋友圈：人生有了愿景后，正能量就变得强大，强大到晚上睡不着觉，强大到不用睡觉依然充满能量！

一分钟后，收到子涵的点赞和回复：能量爆发太快易得心脏病，小心你的小心脏。

“子涵竟然给我点赞了！高兴！高兴！今儿呀么今儿呀么真高兴！”王闯激动得差点儿把手机摔到地上，正能量的持续增强让他在床上蹦了起来，直到楼下王大爷敲门说心脏病要犯了才停下。

王闯马上回复：“孟老师，我已经等不及去学演讲了，今晚可以开始上课吗？”

“我今晚要上瑜伽课。不过，我这儿有几张体验券，要不你也过来？可以下课后再聊。”

“把时间和地址发给我吧，晚上见！”

聊完微信，王闯冲了个澡，上班去了。

王闯就职于一家美资公司的采购部，工作两年了，每天准时上下班，没有挑战，没有独当一面的机会，生活稳定、安逸。平时低调内敛的他，今天像吃了咖啡因一样亢奋，幸福洋溢地跟每位同事热情打招呼，和平时的王闯简直判若两人。

时间一毫秒、一毫秒地过去，终于熬到了下班，王闯飞出公司，直奔位于金茂大厦内的威尔士健身房。

“王闯，来了啊。”

“子涵，我来了。”

王闯发觉这第一次“约会”的开场白既干又涩，赶忙补上一句，“洞房闹得很痛快吧？”

“没有啊，姐夫昨晚喝多了，吐了一身，我们还哪儿好意思闹，早早就散了。”

“忘记提醒你了，我哥他喝酒是海量，千杯不醉！但他有一个本事，会装吐。”

“什么？吐也可以装的？”

“那当然了，把手放在嗓子眼儿，想吐多少吐多少。”

“太能骗人了吧！不过这也不失为一招妙计，至少保护了我姐没被大家戏弄。”

等咱俩那什么时，我也用这招保护你！嘿嘿。元神出窍的王闯傻乐了起来。

“喂，你乐什么呢？”

“没，没什么，我心情好。”

王闯赶紧让元神归位。

“你知道吗？练习瑜伽也是对演讲有好处的。”

“为什么呢？”

“优秀的演讲者需要适应各种不同的演讲环境，适应各种不同类型的观众。这里的环境对于你来说完全陌生，进入瑜伽室后你会发现房间里有三十几位学员，但可能只有两位男士，一位是你，一位是教练。”

“我从来没练过瑜伽，这脸要丢到女儿国去了啊！我，我，我在外面等你行吗？”

“王闯你知道吗？当我们尝试新的事物时，心里会有紧张和不舒服的感觉，这是正常的反应，没有关系，慢慢就会适应，紧张和不舒服的感觉也会随之消失。演讲也一样，要想做到台上台下一样自信，就要抓住一切刺激源来挑

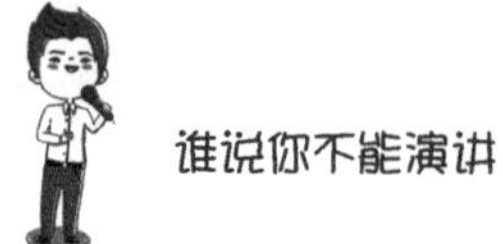

战自己，让自己产生紧张和不舒服的感觉，当第二次遇到同样的刺激时，心里的紧张和不舒服感就会减少，心理舒适区的范围也会相应变大，渐渐地，就不知道什么叫紧张了。这是一次难得的挑战你心理舒适区的机会，也是成为演讲高手的重要一步，你真的不想尝试吗？”

王闯想到了小学四年级时的经历，有位老师特爱提问，上他的课时总是战战兢兢，生怕被点到名，即使老师提的问题很小学三年级。奇怪的是，被点名几次后，王闯发现他不再像以前那样紧张了，有时甚至期待被点名，原来是这么回事啊。

“好，我练！”

“除了挑战心理舒适区，瑜伽还能帮助你调整呼吸和心境，这些都是演讲高手需要的素质。马上就要开始了，你赶紧换衣服去吧。”

瑜伽室灯光昏暗，温度很高，子涵解释说这是高温瑜伽课。

王闯像进了拘留所似的惶恐地扫视四周，发现确实如子涵所说，老师是男的，自己是男的，还有一位分不清是男是女，其他都是女孩子。他迅速感觉心理舒适区遭到了挑战，非常难受，好想找个蚂蚁洞钻进去……

一个小时下来，王闯汗流浃背，其中三分之二的汗是被吓出来的。另一个汗流浃背的人是教练，他从来没见过身体像王闯一样坚硬的学员，用尽吃奶的力气帮他压筋，两个男人，“惺惺相惜”！

第 4 章

多多益善

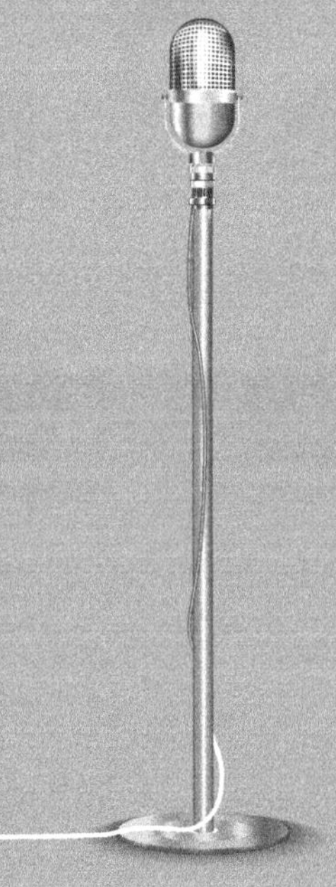

瑜伽课结束后，王闯和子涵到楼下的星巴克买了两杯蓝莓麦片优格，补充体力。

王闯对子涵说："我天不怕地不怕，就怕公众演讲，演讲前紧张得不行，你可以给我系统地讲讲怎么才能克服紧张吗？"

子涵喝了一口优格，整理了一下思路，开始给王闯上课。

"想想远古时代，我们的祖先要外出狩猎，狩猎过程中如果看到老虎会不会紧张？不紧张的人都被老虎咬死了。优胜劣汰，我们的基因里就带着紧张，担心讲不好、担心忘词、担心目的没有达成的时候，就会产生紧张这样的心理反应。

"我告诉你啊，如果你有紧张的感觉，说明你是带有优良基因的正常人。而紧张，是好事情！因为，紧张可以让你更兴奋，更重视，分泌更多激素，容易超水平发挥。同样的讲话内容，台上演讲时很可能比台下聊天发挥的效果更好。前提是，你要克服过度紧张！"

王闯深深地点头，表示十分同意。

"给你分享个公式，紧张 = 期望 / 准备，这个公式简单地总结了与紧张程度有关的因素。从公式中可以看出，紧张程度与期望值成正比，与准备程度成反比，很简单，你需要做的就是降低期望，提高准备。"

"那怎样才能降低期望呢？"王闯边想边问。

"记住三句心里暗示，非常有用——

1. 我过分在意自己一分一秒的表现，实际上，观众才不会在意；

2. 观众虽然都是领导，但对于我要讲的内容，他们并没有我专业，我可以碾压他们；

3. 一切都是最好的安排，一切都有利于我。

“不过，相比降低期望，提高准备更重要，记住：所有糟糕的演讲，都是因为准备不充分。If you fail to prepare, you prepare to fail.（如果你准备不充分，就准备失败吧。）**接下来与你分享 3 个简单有效的准备方法**——

① 模拟真实环境演练

相信你遇到过这样的问题，明明很认真写稿子、背诵、还对着镜子讲了很多遍，可在做报告时，还是紧张得一塌糊涂，突然就大脑一片空白了。这是因为，你准备的环境跟实际环境不一样，虽有帮助，但依然会紧张。所以，要想办法给自己创造尽可能真实的环境来演练，即便是演讲大师乔布斯，也会在发布会前在现场反复彩排。

② 把猴子丢给观众

很多人在演讲时紧张，是因为害怕在发言中突然忘词。

不用担心，即便你在现场真的忘词了，身体难受得就像有只猴子骑在身上，很简单，你把猴子丢给观众不就行了嘛，比如问观众：我刚才讲的内容大家能听明白吗？或者说，我讲了这么多，也想听听大家对这个问题的思考，袁方，你怎么看？如果你很放松的话，可以开玩笑地问：你们猜我下一句讲什么？观众会给你投来会心的微笑。

所以，你根本不用担心忘词后会很尴尬，那还紧张个啥！

③ 未雨绸缪，多做有挑战的事

你一定听到有人建议说，你要深呼吸，你要把观众想象成土豆，其实这样你会更紧张，因为你从来没见过这么一大堆土豆，而且还会动。

这些招式都是花拳绣腿，别说治本，连标都不治，最重要的克服紧张的方法是：在那个重要时刻到来前，多做类似有挑战的事，扩大心里舒适区，不断提升自信心。

“想象一下，如果你每天躺在家里看来自星星的你、月亮的他、火星的我们，看的时候很爽，但看后很空虚，而且你不会有成长，如果你把这些时间用在到处去分享和演讲上，演讲的时候可能很紧张、很有压力，但讲完之后，会非常痛快，而且会长时间的痛快，心里舒适区就会因此而扩大，自信心会不断提升，脸皮也会越来越厚，同时，增加了很多经历和谈资，这才是从根本上解决紧张问题的方法。”

“讲得太棒了！”王闯不由自主地为子涵鼓起了掌。

“除此之外，我再与你分享**7个克服过度紧张的小技巧**——

1. **自嘲。**不要有偶像包袱，敢于自嘲，也可以降低期望；

2. **讲故事。**讲故事时因为前后有情节，不用担心忘词，会减少压力；

3. **享受意外。**卓别林说过，他最满意的演出，就是出现意外的演出，人生有意外，才精彩；

4. **安排熟人在现场。**提前跟熟人打招呼，在你讲话时向你微笑和点头来暖场；

5. **演讲前让自己兴奋起来。**可以跑跑步或者做些其他运动，让血液循环加速，分泌激素；

6. **要么背熟到跟讲一样，要么直接讲。**读、背、讲是三种不同的说话方式，演讲高手，需要做的就是列出提纲，然后自然地讲出来。

7. **手里拿个物品。**

讲完后，子涵又喝了一大口手中的优格。王闯一边做笔记，一边投来崇拜的目光，对子涵的好感又加深了一层。

子涵问王闯：“你觉得成为演讲高手最关键的因素是什么？”

“我觉得是遇到一位良师，比如你。”

“这是外在因素，外在因素固然重要，但更关键的是内在因素，也就是你的态度。你觉得那位瑜伽教练的身体如何？”

“什么意思？我是个正常的男人！”王闯被问得有点尴尬。

“哈哈，别误会，我是指他的身体柔韧性。”

“那还用说，不好能做教练嘛。如果把我的身体比作石头的话，他的可以算是面条了。”

“呵呵，教练曾经跟我们说，他16岁才开始练瑜伽，当时的身体柔韧性非常差，但他每天坚持练习，身体练得越来越柔软，22岁时竟然成了瑜伽教练。”

“很励志哦！”

“就像我昨天跟你讲的，只要你敢想、敢做，就没有做不到的！”

“内在因素，我懂了！”

“听说过10000小时理论吗？”

“10000小时理论？没听说过。”

“10000小时理论是由20世纪70年代的美国心理学家提出来的，大意是，要想成为任何领域的顶级专家，不管是像钢琴界的朗朗还是篮球界的乔丹，都需要经过10000小时的练习；马尔科姆·格拉德威尔把这个理论写到了《异类》这本书中，进一步论证了它的价值；丹尼尔·科伊尔基于这个理论写了《一万小时天才理论》，这本书更侧重于实践，其主要观点是，要想成为世界顶级专家，只有不断地重复练习，1分钟、2分钟、3分钟，直到10000小时。你知道吗，不会演讲的人和优秀演讲者的差距是50个演讲，优秀演讲者和高级演讲者的差距是500个演讲。”

“那么，顶级演讲者，应该都是那些演讲时间超过10000小时的人喽？”王闯激动地问。

“理论上讲，是的。不过，10000 小时是一个概数，你可以理解为，站在讲台上做演讲的时间越长，演讲能力就会越强，我喜欢把演讲称为霸占舞台，演讲时长就是霸占舞台的时间。当然，同样的锻炼时长，因为环境的不同，效果也会不同，比如你在电视台录制 1 个小时节目就要比对着镜子演讲 1 个小时进步得多。”

“霸占舞台，很棒哦！就像史蒂夫·乔布斯、安东尼·罗宾，还有比尔·克林顿，这三位顶级演讲者的霸占舞台时间都应该超过 10000 小时了吧？”

“没错。乔布斯经常会在董事会做演讲，给员工做演讲，在发布会上做演讲；安东尼·罗宾，从摆地摊起家，靠一点一滴的积累，最终成为顶级演讲大师；克林顿在学生时代就通过演讲来竞选班长，进入耶鲁大学法学院后多次参加辩论赛，竞选阿肯色州检察长、州长及美国总统时，都是通过无数次演讲和辩论赢得人心的，最终成就了他的辉煌人生。我们难以判定到底是他们的演讲能力成就了他们的事业，还是他们的事业练就了他们的演讲能力，但有一点可以肯定，如果没有曾经无数次的霸占舞台，现在的他们不可能成为你心中的顶级演讲者。”

“你说得很对，他们在我心里都是神一样的人物，可是，我没有他们那样的传奇经历，只是普通大学毕业的普通大学生，普通公司工作的普通白领，普通父母生出来的普通人，我觉得自己不可能像他们一样成功。”

“王闯，你口中神一样的人物也都是有血有肉的普通人，只不过他们通过不普通的努力做出了不普通的事而已。你已经做出了成为演讲高手的决定，并为此付诸行动，这说明你正在做一件不普通的事，你已经走在了一条通往成功的路上，这条路布满荆棘，你可能会流血、流汗，但你在这条路上所欣赏到的风景以及不断摘得的果实足以丰满你的灵魂，让你成为芸芸众生中的不普

通！”

子涵的话揭开了王闯内心深处的伤疤。他在心里反思，“我已经在这个世界活了 25 年，这 25 年我过的是什么日子？时不时就抱怨社会的不公，时不时就哀怨自己的普通。扪心自问，我可曾有通过行动来改变现状？我又可曾有通过行动来做一些不普通的事？有想过改变，但都是一刹那那的冲动，昙花一现，从来没有落地生根。人生的道路很长，肩上的担子很重，但安逸的生活已经泯灭了我的激情，泯灭了我曾经有过的梦想，甚至泯灭了我做梦的能力。两年后的我会怎样？五年后的我会怎样？十年后的我又会怎样？几十年后，在临终前回忆过去的人生，是激动到老泪纵横，安然离去？还是遗憾到捶胸顿足，死不瞑目？我不知道，我不敢想下去了……”

“王闯，你是个有上进心的男人，否则我也不会帮你。你告诉过我你想成为演讲高手，我想请你再次负责任地告诉我，你真的想吗？”

王闯点头。

“真的想吗？”子涵加大了分贝。

“真的！”王闯回答。

“真的想吗？”子涵不顾淑女形象地喊了出来。

王闯站了起来，对着大堂高吼：“真的！真的！真的！我要成为演讲高手！”

子涵笑了，王闯的决心让她满意，能够在大庭广众下大声吼出这句话，需要非凡的勇气和决心。

“感觉如何？心理舒适区被挑战得很爽吧？”

“我刚才仿佛看到了我的天命，有种马丁 · 路德金灵魂附体的感觉。”

“那你的结局八成是被枪杀了。”

"梦想实现，被枪杀也愿意！"

"乌鸦嘴，快呸掉！"说完这句话后，子涵心里有种异样的感觉。

"呸！呸！呸！"呸完后，王闯感觉跟子涵的关系又近了一小步，这每一小步，都是我人生的一大步啊！王闯心中暗暗欢喜。

第 5 章

千锤百炼

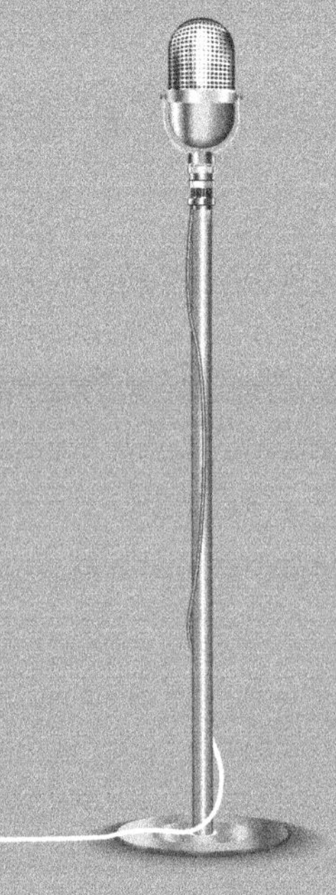

“提高演讲能力，最佳的方法就是不断霸占舞台，朝着 10000 小时的演讲时间迈进。在迈向演讲 10000 小时的过程中，你的自信心会不断变强，演讲技巧会不断娴熟，对现场的控制力也会不断提高。”

“好，我练！可是，我去哪儿练呢？总不能像昨晚那样经常去参加婚礼吧？我没有那么多要娶老婆的表哥呢！”

“呵呵，你的眼界可以放宽点。其实，练习演讲的机会有很多，比如，在公车上读文章，锻炼发声和挑战心理舒适区；毛遂自荐去帮公司完成主持、产品演示、培训等工作；尝试参加不同新老圈子的活动，在活动中争取发言机会；多参加让自己紧张的大型活动，争取发言机会；参加每周的头马演讲俱乐部活动……这些都是很好的锻炼机会，记住：不要放过任何一次公众发言的机会，争取并创造更多的机会去不断累积霸占舞台的时间。”

“嗯！你之前也提到过这个头马演讲俱乐部，它是个赛马协会吗？”

“头马演讲俱乐部是个国际非营利组织，使命是提高会员的沟通演讲能力和领导力。”

“听上去很不错哦。”

“当然不错咯！头马圈子里的传奇故事比比皆是，上海有一位名叫米雪的会员，作为三校生考入大学后，经由一位外籍教师引荐加入头马俱乐部，后来被一位头马会员推荐到花旗银行中国总部实习，因为在头马练就的出色演讲能力和组织领导力，她毕业时被花旗银行史无前例地破格录用为正式员工；还有 CZ，因为获得了头马全国演讲比赛冠军，从一名朝九晚五、丢掉梦想的普通白领，一跃成为年入百万的培训师，仿佛重获新生……”

“难以置信啊，我竟然对这个头马一无所知，都是因为平时太宅了！”

“哈佛大学有位教授曾经说过，每天晚上 8 点到 10 点做的事情，决定着我们未来的成就！选择一个人在家看两个小时电视？还是出来跟新老朋友一起锻炼两个小时演讲能力？哪个对未来影响更大？你自己掂量掂量。”

“毫无疑问！我前一段时间宅在家里看美剧 *Lost*（迷失），看得我越来越迷失，你赶紧带我去头马见见世面吧。”

“没问题，回头我带你来我们的‘双语话剧演讲俱乐部’。”

“双语话剧？演讲俱乐部还有话剧吗？”

“演讲呢，是由‘演’和‘讲’构成的，在讲的过程中增加些表演成分，会让演讲在整体上更具张力。所以我们把话剧表演引入到头马，由此来提高大家‘演’的能力。”

“太棒了！双语话剧演讲俱乐部，约！”

王闯非常兴奋，根据 10000 小时原理，他会慢慢成为了解子涵的专家，对子涵的生活状态、脾气秉性及潜在情敌的情况了如指掌，知己知彼、百战不殆！

王闯很享受这种演讲、爱情两手抓的感觉。回想自己在表哥结婚前的日子，下班回家后不是看电视就是打网游，周末宅在家里补觉，曾发现智商在睡眠中慢慢下降，曾感觉到远离朋友后的孤独，曾谴责过自己虚度光阴，却无力改变。直到在表哥的婚礼上受到强烈刺激并立志成为演讲高手，才神奇般地找到了自己的演讲老师并期待与其成就一段唯美浪漫的师生姐弟恋。王闯明显感觉到，走在成为演讲高手路上的自己，正在一步步、积极地，改变！

第 6 章

别无选择

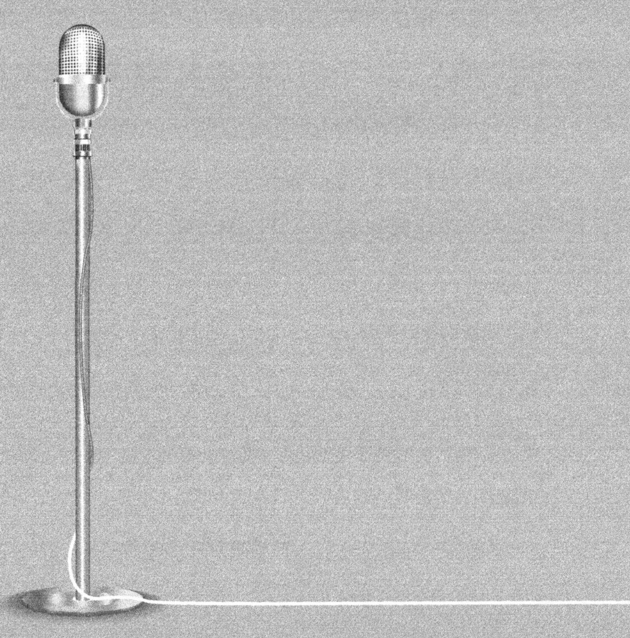

二人离开健身房时，天空正下着毛毛细雨，很轻、很薄、很朦胧，为上海这座繁华都市蒙上了一层薄薄的面纱，呈现出梦幻般的美丽。

王闯家在浦东，子涵住在浦西。

“为了感谢你今晚的指导，请允许我送你回家吧。”

“不用不用，今天太晚了，你早点回家休息吧。”

“那好吧，送君千里，终须一别。”说罢，王闯就消失在地铁站内的茫茫人海中。

子涵今晚的心情格外舒畅，完全没有健身后的疲惫感。她感觉自己和王闯的关系就像这天气一般，隔着一层朦胧的纱，她能感觉到王闯对自己的好感，却无法接受，她，还是放不下。

子涵家离地铁站不远，但今晚莫名坏掉的路灯却让这条路变得有些漫长。平日熙熙攘攘的路边小贩因为下雨没有出摊，对他们不离不弃的城管也因此停止了巡逻，这让子涵回家的路看起来有些阴森。

子涵深吸了一口气，心想：上海的治安那么好，有什么好怕的，再说，我的心理舒适区也需要挑战挑战了！一阵冷风吹过，子涵不禁打了个寒颤。只见一个黑影朝她跑来，越跑越近，还来不及闪躲，就感觉右手的挎包从肩头脱落，被一股强大的力量拉离身体，她试图抓牢，却无能为力。包没了，黑影朝自己的反方向跑去。子涵大口吸气，试图让自己冷静下来，她的包里有手机、现金、身份证、数十张卡，还有爸妈珍贵的结婚照，绝不能失去这个包！人在遭遇巨大损失后，反抗的本能会战胜对危险的恐惧，子涵马上朝黑影方向跑去，大喊：“有人抢劫，抓住他！”

跑了几十米后，子涵听到“哎呀”一声，赶紧跟了上去，发现抢包的黑影正老老实实地趴在地上，手已经被一名男子捆住。定睛一看，救她的男子，是王闯。

原来，王闯觉得雨天路滑，不放心子涵一个人回家，他在说完“送君千里，终须一别”之后，偷偷跑进了隔壁车厢，躲在角落里注视着子涵，一路尾随到出站。王闯站在地铁口，打算看到子涵拐弯后就安心回家。就在这时，王闯突然发现一个黑影抢走了子涵的包，便飞奔过去，他和黑影的距离越来越近，在擦肩之际，两人来了个侧脸对视，0.1 秒后，黑影的动作是转头后继续向前，王闯的动作是低头后抬起右腿，0.2 秒后，王闯的动作是收腿，黑影的动作则变成了漂亮的前翻狗吃屎。

王闯制服黑影后马上拨打 110 报警，随后被赶来的警察同志一起带到了派出所。

面对坏人时，王闯是气如虹、势如钟，但这会儿却腿软了，因为派出所所长邀请他四个月后在社区做一次防抢主题演讲，帮助广大居民提高安全防范意识。

“他会去的！”

子涵代表了王闯。王闯被吓得还不能说话，算是默认了。

子涵毫不客气地把王闯的“钻戒”扔了过去，她很喜欢这种把“钻戒丢过栅栏”（注解见下页）的感觉。

为了做好防抢演讲，王闯必须得加倍努力去提高公众演讲能力！还有四个月的准备时间，子涵知道，王闯的心理舒适区会在这四个月中得到持续的挑战，演讲能力也一定会有大幅提高。

雨越下越大，在派出所录完口供后，所长亲自开车把王闯和子涵送回了家。

有人说，阴雨和阴郁是一对甜蜜的恋人，阴雨一来，阴郁随后就到。实际上，心态和心情才是一对甜蜜的恋人，心态好，心情也好；心态不好，心情往往不佳。

钻戒丢过栅栏：前方有一个栅栏，你的第一反应是翻不过去，那就翻不过去了；但如果把你心爱的钻戒扔到栅栏对面，你就一定可以翻过去，因为你必须过去才能把钻戒捡回来。

任凭窗外大雨倾盆，却浇不熄王闯心中的太阳，激情燃烧的岁月正在上演！人的心境真是奇妙，当活在希望中时，就特别有能量。

工作上，王闯在空余时间不再一个人发呆，而是主动找同事聊天。在跟同事的交流中，王闯找到了一种从未有过的参与感与归属感。其实同事还是原来的同事，只是他自己变了，这也印证了卡耐基的观点，要想别人怎么对你，你就先怎样对待别人。

王闯还在闲聊中得知了公司内部大量的八卦新闻，他听说公司开始筹备十周年庆典，人力资源部 Ken 担任总导演，正在挑选两位主持人。

这个机会太难得了！王闯潜意识里已经决定毛遂自荐了，但意识层面还在纠结。十周年大庆，多么重要的活动，将近 1000 人参与，各级领导都会参加，要是主持不好怎么办？

王闯在午休时给子涵打电话，希望被她说服。

“你好啊，王闯。”

“子涵，我们公司要举办十周年庆典，我想申请做主持人，不过，我怕把活动搞砸了，很纠结。”

“记住，当你纠结去与不去时，那就去；当你纠结做与不做时，那就去做。不去做的话，你的内心会不断谴责自己；去做了之后，你会得到很多意想不到的收获。我入职那年的公司年会，也是在纠结中做了次主持人，之后呢，每年的年会都由我来主持，公司每次有公众发言的机会，老板第一个想到的就是我。你们周年庆是什么时候？”

“十个月以后。”

“时间绰绰有余，别想了，赶紧去报名吧。”

“好，我这就去。”

子涵轻松地说服了王闯，让他自己把“钻戒”丢过了栅栏！

王闯这位平时都不怎么说话的同事竟然主动报名主持周年庆，这在阅人无数的 Ken 看来简直匪夷所思。出于锻炼新人的目的，Ken 还是把机会给了王闯，不过他要帮王闯找个有经验的女主持。更令 Ken 匪夷所思的是，王闯当天的主持竟然成为了公司的一段佳话，当然，这是后话。

此时，王闯最期待的是接下来的头马之夜。

第 7 章

马到成功

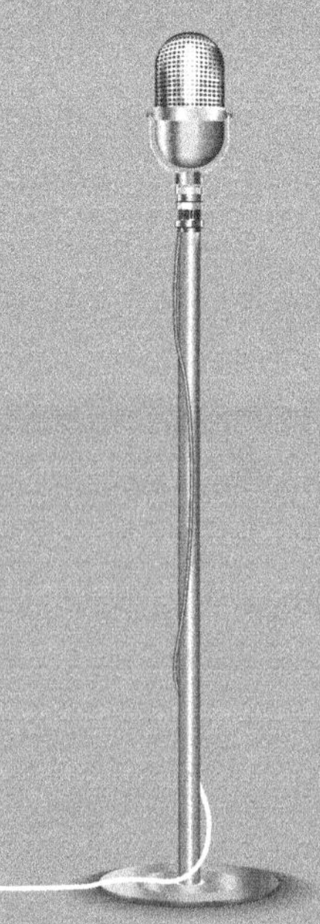

头马之夜当天，王闯第一个到达，这是参加活动的好习惯，提前到场可以让自己更早地适应现场气氛，还可以和早到的嘉宾进行交流，有百利而无一害。双语话剧头马演讲俱乐部的活动场地位于云峰大饭店内，可容纳 70 人，隔壁就是著名的云峰剧院。音箱、投影仪和白板一应俱全，桌椅摆放整齐，给人细致、专业的感觉。

“帅哥，你好啊，第一次来我们俱乐部吧？”一位笑容爽朗的女子刚进门就热情地招呼王闯。

“你好啊，是孟子涵介绍我来的。”

“欢迎欢迎！我是飞飞，人称飞姐，90 后。”

“90 后？飞姐？你看上去很成熟哦。”

“哎呀，其实我是 1890 后，哈哈。”

“哈哈，飞姐是东北人吧？”王闯听出了飞姐带有浓郁猪肉炖粉条味儿的口音。

“是啊，辽宁的。”

“辽宁在哪个省？”

“辽宁你都不知道？辽宁，在辽宁 Province 啊！你可气死我了！”

“你也挺不禁逗的，我能不知道辽宁嘛，你们的省会不就是黑龙江嘛。”

“不错，有幽默感，像是子涵的人。”

这句话让王闯的脸一下子红得跟西红柿似的。

“脸红了，姐是过来人，看上子涵了吧？”

“我……”

“飞姐懂了。子涵是个好姑娘，我要是男人我也追她，小弟，你好好加油，需要飞姐帮忙时你尽管说！”

“飞姐，你是在欺负我亲戚呢吧？”子涵也到了。

“亲戚？”

“表亲，表亲，合法，合法。”王闯赶紧解释。

“王闯，这是我们俱乐部的会员副主席，飞飞。”

“我们已经认识了，飞姐跟我一见如故。”

“只可惜，人家刚刚结婚。不然就一见钟情了呗？小帅哥。”

“飞姐，您可以调侃我，但请别调戏我啊。”

三个人开心地笑作一团。

陆续到场的会员跟王闯热情地打招呼，王闯能强烈感受到他们身上散发的气场和能量，由此想到一句话：想成为什么样的人，就跟什么样的人在一起。气场强大、能言善辩、热情似火、拥有梦想、充满正能量，这些应该是头马演讲高手们的共同特质吧！

子涵为王闯介绍了俱乐部的大才子谢恩，这位才子据说是当年叱咤风云的校辩论队队长，王闯在他面前完全插不上话。恰好一位金发碧眼的外国人走了进来。

“怎么还有外国人啊？”王闯急切地问子涵。

“因为我们是双语俱乐部，有中文活动，也有英文活动，这周活动正好是英文的，有外国会员很正常啊。”

“也就是说，今天要讲英文？”

王闯的心脏狂跳起来，他虽然通过了英语六级，但明眼人都知道，六级证书只不过是张证书而已，无法掩盖一口哑巴英语的事实。

“哈哈，你现在的心理舒适区是不是正在被挑战？是我故意没告诉你的，惊喜吧？”

"你要是把我'惊喜'出心脏病来，可要对我负责！"

王闯虽然紧张，却没忘了占点小便宜。

"你放心，这种小挑战只会增强你的心脏承受力，如果没有这些小挑战的历练，等你以后突然遇到大挑战时才容易突发心脏病。对了，你英语水平如何？"

"听、读、写还可以，口语嘛，茶壶里煮饺子——倒不出。"

"你觉得英语演讲能力对你来说，重要吗？"

"当然重要了，以前好几次面试都是因为英语问题被淘汰的，现在做事情都需要国际视野了，讲不好英语很吃亏。"

"那你想讲一口流利的英语吗？"

"当然想了，可是……"

"那就好办了，讲好英语口语的秘诀就一个字：讲！自己讲不如跟朋友讲，跟朋友讲不如跟一群朋友讲，跟一群朋友讲不如在公众场合发表演讲。"

"话虽如此，可是，在这儿讲英语，多丢脸啊……"

"我问你，你是想在头马丢脸？还是想在老板面前丢脸？"

王闯沉默不语。

"你现在看到的这些优秀会员，都是一次次丢脸丢过来的。在头马，大家不会彼此嘲笑任何一次糟糕的表现，只有相互鼓励！头马欢迎大家来丢脸，每丢一次，就能提高一次！在头马丢的脸足够多后，就有资本在头马外把所有曾经丢过的脸都挣回来！"

"也就是说，如果我在这里说错话、做错事，全都不要紧咯？"

"只要不让俱乐部倒闭就行。试想一下，如果在公司里说错话、做错事，成本很高。在这里，你可以通过不断地说错话、做错事来锻炼自己在外面说对话、做对事的能力。”

“我懂了。今晚的活动什么时候开始呢？我有点迫不及待了！”

“还有 3 分钟，你坐哪里？”

“第一排，这是我高中毕业以来，第一次坐头排！”

“坐头排者，皆有成为头牌的潜质！”谢恩过来调侃一句，坐在了王闯旁边。

会议正式开始，子涵做开场发言，谈吐优雅，落落大方，一下子就吸引了所有人的注意力。

王闯的听力水平还算不错，能完全听懂子涵的开场白。子涵邀请所有第一次到访俱乐部的来宾起立，要求每人做一个不超过 30 秒钟的自我介绍。包括王闯在内的几位来宾应声站了起来。

子涵率先把目光落在了王闯身上，王闯知道“惊喜”又来了，下意识地从嘴里蹦出两个字“Lady First（女士优先）”，他也因此得到了一丝喘息时间。女士们的自我介绍很快完成，现在只剩下王闯一人了。王闯望着子涵肯定的眼神，张嘴了：“Hello,Nice to meet you,how are you？ Fine,thank you . And you？ I'm fine too . Byebye.”王闯把小学四年级背诵过的英语课文一气呵成地背了出来，大家给予他热烈的掌声，这让惊魂未定的王闯有了一抹小小的成就感。

第 8 章

当机立断

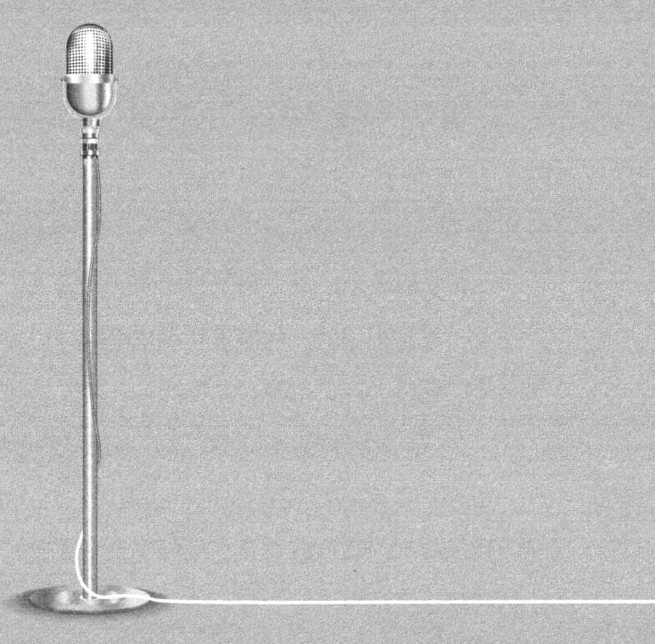

子涵在结束开场发言后便邀请主持人谢恩登场。头马以会议的形式开展活动，每次需要十几个角色，由会员自愿报名担任。这是一个高效的锻炼模式，通过让会员在真实的会议中实践，来提高公众演讲能力和领导力。

谢恩介绍了今晚的主题是“行为艺术”，整场活动由即兴演讲、备稿演讲、演讲点评和即兴表演四部分组成。

第一个环节是即兴演讲，担任即兴演讲环节的主持人是子涵，她的职责是基于今晚的主题“行为艺术”来向观众提出不同的问题，任何观众都可以上台发表演讲，但机会只留给举手速度最快的人，回答者的思考时间只有从座位走到讲台的短短数秒，被称为“Think on feet（快速思考）”，每个人的演讲时间为 1~2 分钟。

“Are you ready?（你准备好了吗？）”子涵气势如虹！

“Yes！”大家齐声回答。王闯心里跟吃了凉柿子似的，笃信战火不会烧到自己身上，因为他死也不会举手。

“第一个问题，什么是行为艺术？”

“Chuang!”

王闯好像听到了自己的名字，他不敢相信自己的耳朵，但他发现会员们和子涵都在盯着自己看，鼻子也嗅到了“凶险”的气息。王闯很委屈，委屈的是子涵不按规则出牌，他根本就没举手啊，更委屈的是子涵不停地给他制造各种各样的惊喜，确切地说，是惊吓！

大家开始给王闯鼓掌加油，齐声高喊“Chuang! Chuang! Chuang!”

王闯站了起来，他不能让子涵难堪，他不能做个熊包，他要感谢子涵给自己挑战心理舒适区的机会！他装作大义凛然，装作视死如归，装作像刘胡兰一样，走上了讲台！

王闯默默地站在讲台上，大脑一片空白，他试图从僵硬的表情中挤出一丝微笑，却感到有些面瘫。他听到了观众们给他鼓掌的声音，这些掌声让他获得了些许思考的时间，他想到自己需要回答一个关于“什么是行为艺术”的问题，脑海中开始闪现人体盛宴、天体摄影、苍井空姐姐，王闯感到无比绝望，绝望的是怎么自己想到的都跟“裸”有关，更绝望的是他竟然忘记了“裸”的英文单词是什么，最绝望的是即便他知道“裸”的英文单词是什么，也不好意思说啊！王闯看着提醒时间的牌子一次又一次地被举起，终于在还剩 15 秒钟时开口说了一句：“I was the performance art.（我刚刚就是行为艺术。）”2 分钟说了 5 个单词，语速比阿甘还慢，却赢得了全场的掌声。

大家的掌声是倒彩还是喝彩？心态积极的人会选择性捕捉有利于自己的信息，所以关于前面的问题，王闯果断地选择了后者。

回到座位后，王闯长出一口气，感觉像是做了次全身的“马杀鸡”，舒服极了。但他还是暗暗祈祷，今夜，千万别再有“惊喜”了。

其他会员踊跃举手发言，从各自不同的角度讲述了对行为艺术的理解，最令王闯印象深刻的是一位名叫 Peter 的演讲者，他讲了如何界定“性”和“行为艺术”，既精辟，又不低俗，尺度拿捏得相当精准。

所有人讲完之后，进入点评环节，这也是学习演讲非常重要的一环，因为自己很难发现自己的问题，通过观众的视角才可以看得更多。

王闯的点评人是子涵，王闯心想坏了，子涵肯定要骂死自己，此刻的他特别想找个地缝钻进去。

子涵点评说：“今天我为王闯感到骄傲，因为这是他第一次来到我们俱乐部，在被点到名字时一定非常紧张，但他没有临阵逃脱，而是勇敢地走上舞台，来，让我们把最热烈的掌声给到他。”

这段话讲完，王闯心里非常温暖，眼眶甚至有些湿润了。

子涵继续点评："我给王闯三个小建议，首先，每周都来我们俱乐部；其次，每次都参加即兴演讲环节；最后，每个问题可以从三个方面来回答。"

王闯一边听一边默默点头。

"好了，恭喜王闯完成在头马的首秀，期待你的下一次演讲，加油！"

子涵的点评让王闯既开心，又有收获。

子涵小声告诉王闯："点评是有套路的，我用的是**三明治法则，也就是认可 + 建议 + 鼓励**，这样的点评方式让你容易接受。"

三明治点评法，王闯又学到一招。

"对了王闯，我把你在舞台上的表现都拍下来了，你记得下次自己带个录像机哦，一定要把每一次霸占舞台的样子记录下来。"

"啊？！这个，太傻了吧？！"王闯从心底里不想看到自己在舞台上的傻样子。

"你知道吗？很多人觉得世界上最恶心的画面就是视频中自己的样子，最恶心的声音就是视频中自己的声音。但是，回看自己的录像才能让你更加透彻地发现身上的进步空间，而且，这些视频都是你宝贵的人生财富。"

"好吧，我录还不行嘛。"王闯再次被子涵说服了。

点评环节结束后，进入 20 分钟的中场休息，Peter 主动过来跟王闯打招呼。

"王闯同学，你讲得很棒啊，虽然只讲了 5 个字，但产生的效果胜过了 500 字，这就叫'此处无声胜有声'！"

"您太抬举我了，跟您的即兴演讲比，我的根本就属于无话可说嘛。"

"不能这么比的，我的马龄（加入头马时长）毕竟比你长，实话跟你讲，我第一次做即兴演讲时，一个字都没说出来，怎么上去的就怎么下来的，当时死的心都有。”

“还好没死，要不然我们就少了一位全国即兴演讲比赛冠军了！”谢恩过来搭话。

“果然是大师啊，您能跟我分享一下即兴演讲心得吗？”

王闯露出了一副如饥似渴的表情。

“大师谈不上，心得倒是有点儿。你对即兴演讲怎么看呢？”

“我觉得即兴演讲非常重要，我们去参加朋友婚礼，可能突然被叫上舞台发言；参加面试也需要即兴演讲；还有谈判、头脑风暴、小组讨论等很多场合都需要即兴演讲能力。”

“说得对，即兴演讲能力的确是职场和生活中的必备技能。那你觉得，即兴演讲是即兴的吗？”

“那肯定是啊，没有什么时间准备。”

“错咯，即兴演讲并不是即兴的，因为你能讲的东西早就已经储存在头脑中了，有意识层面的、也有潜意识层面的，你需要做的就是把头脑中的信息组织成语言，说白了，就是条理清晰地把自己知道的东西讲出来，所以，它还是一个有准备的演讲。”

“很有道理！那怎样才能把即兴演讲做成准备过的效果呢？”

“来，准备个小本子，我给你讲讲**即兴演讲的 5 大结构**——

① PRS 结构

也就是 Problem（承认问题），Reason（给出原因），Solution(提出解决方案)。

举个例子。老婆问老公：“你怎么又出差啊？”老公说：“你以为我想出差吗，我不都是为了养这个家嘛！”这样的对话，会让两个人打起来。用上PRS，老公可以这样回答：

P：亲爱的，这段时间确实出差很多。

R：因为这次的项目非常重要，做不好我就要走人，做好了，很可能升职。

S：我这次出差就是去尽快落实这个项目，然后就可以多陪陪你了。

效果是不是好很多啦？想想看，如果老板突然问你，怎么客户满意度下降这么多？你如果这样回答：

P：是的老板，这周的客户满意度下降了20%。

R：主要原因是咱们新系统上线，遇到了一些Bug，客户在使用产品时出现了闪退现象，导致很多客户投诉。

S：您放心，程序员们正在全力修复Bug，预计明天完成，修复后，这个新系统会大大提升客户满意度。

当老板听到这样的回答一定会很开心，老板们都喜欢听PRS，承认问题、分析原因，最重要的是提出解决方案。当你用PRS回答老板问题时，不仅可以让自己快速整理思路，还能让老板感觉到你是认真思考过有想法的员工，是不是很赞？

② PREP结构

也就是Point（观点），Reason（原因），Example（举例），Point（观点升华）。

给你讲个爱情故事。几年前，当时的女友问了我一个问题："你爱我吗？"我毫不犹豫地回答："爱！"然后，就没有然后了……我们分手了，我全然不知所措。直到有一天，我学到了即兴演讲中的PREP结构，才恍然大悟。后来我新的女友也来问我："你爱我吗？"当时我凝视着她的双眼，深情地说："亲爱的，我爱你（Point），因为跟你在一起时总会让我感觉到家的温暖（Reason）。每次拖着疲惫的身体回到家，都会闻着你饭菜的香味恢复体力；每次跟你一起看感人的电影，都会被你大把大把的泪水感动到热泪盈眶；每次跟你一起外出旅行，都会与你一起沉醉于山水之间。我铭记着我们在一起的每时每刻、铭记着我们在一起的点点滴滴（Example）。亲爱的，我不仅爱你，还会爱你一辈子。嫁给我，好吗（Point）？"

当然，这个故事是编的，你知道怎么用就好。

③ 否新高

也就是否定现存观点，提出新观点，站在更高的层次论证。

乔布斯是使用"否新高"的高手。他在发布会上的演讲，大量使用"否新高"。比如 2007 年发布 iPhone 时，乔布斯先是否定当下所有智能手机，然后推出真正的智能手机 iPhone，之后又把 iPhone 推向了新的高度。

如果你对象问你："你一辈子都会跟我说实话吗？该如何回答呢？"如果你回答："那必须的啊，我从来不说谎。"如果你这样回答的话，给对方的感觉就是 100% 在说谎。用"否新高"的话可以这么说：

否：我虽然不能保证讲的话都是实话，

新：但是我能保证不会伤害你，

高：我觉得，善意的谎言是美好生活的一部分。

使用"否新高"会给人一种先抑后扬的痛快感和信任感，使用场景也非常广泛。

④ 赶过猪

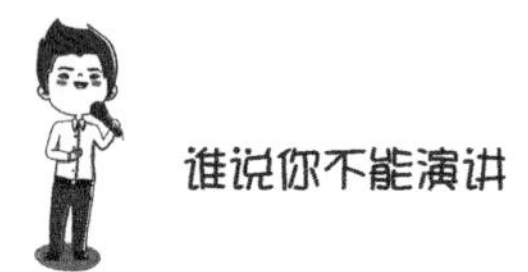

“赶过猪”是指感恩、过去和祝愿。感谢被邀请发言，回顾美好的过去，以及祝愿美好的未来。这个结构特别适合聚会场合的即兴发言，比如参加婚礼、同学会、酒局等，非常实用。

比如在职场上，你刚刚加入一家新公司的销售团队，老板邀请你在同事面前做个即兴发言，可以这样讲：

感恩：感谢老板给我这个机会跟大家做个自我介绍，大家好，我是XXX。

过去：毕业于清华大学，虽然所学专业跟销售没有直接关系，但销售却是我最喜欢做的事情。

祝愿：我已经感受到了咱们团队的温暖和强大，我也愿意贡献我所有能贡献的力量，让我们的团队更加强大，谢谢大家。

王闯此时想到了表哥和表嫂的婚礼，他说：“如果再在表哥的婚礼上发言，我是不是可以这样讲：‘感谢司仪的盛情邀请，在表哥和表嫂的婚礼上给我这个发言的机会。表哥从小和我一起长大，一起穿开裆裤，一起撒尿和泥巴，一起上学，一起逃课，一起走向社会，他是个有担当的纯爷们，也是我最亲最近的家人。今天，很激动能够见证他跟表嫂的结婚典礼。我在这里，祝愿表哥和表嫂百年好合，早生贵子，来，咱们干杯。’”

“你学得好快啊，真棒！”

王闯对Peter有种相见恨晚的感觉，心想早认识Peter，前几天就不会那么尴尬了。

⑤ 事不过三

“任何事情都可以从三个方面讲，既有时间上的事不过三，过去、现在、未来；又有空间上的，北京、上海、广州；或者事物的任何三个方面，比如职业、爱好、家乡。子涵在给你点评时建议你从三个方面展开，就是这个意思。好啦，即兴演讲的 5 大结构一一介绍完啦。”

“太棒了，Peter，真的是受益匪浅啊。”王闯有种醍醐灌顶的感觉。

“很多人都以为即兴发言就是即兴的，其实呢，它根本不是。演讲者就像炒菜的厨师，即兴发言，就相当于给大家即兴做个菜，而做的菜都是自己已经掌握的菜式。

“如果想要把菜做得到位，肯定需要平时大量的积累，有什么菜可以炒、火候如何掌握、放什么调料以及放多少，如果没有平时的积累，很可能就炒煳了，或者盐放多了。

“我最后再给你三个建议，第一是找一位朋友或家人，比如子涵，两个人每天互相提问，然后用 5 大结构来回答；第二是两个人互相给对方三个词，然后把他们串起来，以此锻炼迅速组织语言的能力，比如把西瓜、蜻蜓、上海串联起来；第三是每天坚持写点东西，把一天中发生的故事写出来，以故事的视角去过有故事的人生，慢慢你会发现，人生会过得更加有沉淀感，而即兴发言嘛，只是在你的满汉全席菜谱中的随意筛选。好啦，下半场开始啦，咱们赶紧回到座位吧。”

王闯还沉浸在学到实用方法的兴奋中，就被 Peter 拉回了座位。

第 9 章

相见恨晚

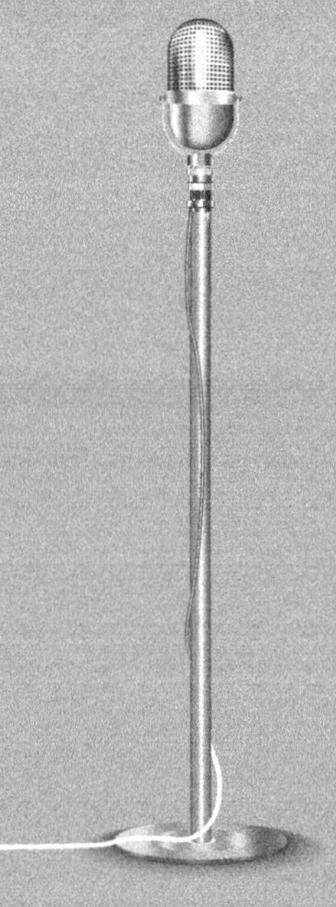

下半场开始是备稿演讲环节，演讲者需要把演讲内容提前准备好。

第一位做备稿演讲的是新会员，完全照稿读，没什么亮点。

第二位会员给观众讲述帽子的故事，中规中矩。

最后一位会员来自成都，昵称小辣椒，她在演讲中讲述了自己和老公在火锅店擦出的火锅情缘，很好，很麻辣。

备稿演讲结束之后，三位资深会员分别对三位备稿演讲者进行了细致专业的点评，精妙至极！王闯在三明治法则的基础上，进一步总结出了**优秀点评的三个技巧**。

① 鼓励

点评人需要鼓励演讲者。对于有亮点的演讲，要把亮点提炼出来并告知，至于没有亮点的演讲，编也要编出个亮点！比如第一个照稿读的演讲，确实没什么亮点可言，可评估人却说："你的声音非常有磁性！"也难怪，人家已经受了很大的刺激，要是再在点评时抨击一番，他很有可能从今往后再也不敢做演讲了。除此之外，在提出改进建议时，尽量不要直接说"你应该……"或"你必须……"这样容易打击到对方的话，不妨说"如果我是你，我会……"或者"你可以做得更好的是……"亦或者"如果能……就……了！"总之，鼓励非常重要！

② 新意

有的点评让人听完就忘，而有的点评则让人久久回味！在点评第二位讲帽子（HAT）的演讲者时，这位令人印象极为深刻的点评人说，该演讲的亮点是HAT，H代表Humor，演讲语言幽默；A代表Attraction，演讲内容引人入胜；T代表Time，演讲时间控制到位！可以做得更好的是CAP（也是"帽子"的意思），C代表Creative，演讲开场可以更有创造力……A 代表 Accurate，演讲中列出的数据可以更精准……P 代表 Powerful，演讲的结尾可以增加些激情和能量……做到 CAP，整个演讲将更加精彩！这种采用首字母缩写的点评方式，让人感觉耳目一新，回味无穷。

③ 专注

小辣椒的点评人只针对“肢体语言”这一项进行点评，极为专注，非常到位，让小辣椒在肢体语言方面收获颇丰。专注也是非常重要的一项点评技巧，如果在有限的时间内点评的点过多，比如把演讲内容、肢体语言、演讲结构等通通点评一遍，很可能每一个点都说不痛快，造成整个点评毫无价值。正所谓：霰弹打鸟，不如一击命中！

晚上的活动中，压轴大戏是即兴表演。即兴表演如同一个无剧本、无彩排的现场小品，这对参与者的临场应变能力是一个极大的考验，因为谁也不知道接下来将发生什么。

今晚即兴表演的主持人是以彪悍出名的飞姐，设置的挑战都是高难度系数的。听完飞姐的即兴表演规则介绍，王闯顿时倒吸一口凉气，这得反应多快才接得上啊！果然，在飞姐讲完规则后，有几位会员已经将手悄悄放下，露出了和王闯一样的畏惧神色，不过现场举手者依然踊跃。头马果然高人多呀！王闯不禁感叹。

“举手的人真不少啊。”飞姐看了看现场，“有请资深会员多巴安！”话音刚落，只见坐在前排的一位女会员大方自信地起身走了上去。

飞姐脸上露出一副坏坏的表情，挤挤眼睛对大家说：“因为多巴安是自由作家、资深会员，所以今天我们的场景就跟书有关。”她清了清嗓子开始发挥。

“今夜星光璀璨，今夜花枝乱颤，今夜洪水泛滥，今夜有她相伴！欢迎收看本期的《今夜相伴》节目，我是害羞少女兼主持人飞飞。今夜，与大家相伴的她，是一位畅销书作家，是一位幽默大师，也是一位感情专家。让我们用最热烈的掌声，有请多巴安女士！”

多巴安在掌声中落座，飞姐转身拿起一个空白笔记本。

“欢迎多巴安，我已经拿到了你的新书，听说这本书描写的是你和老公之间既浪漫又曲折、既励志又欢乐、既感人又纠结的爱情故事，是这样吗？”

“是的，既高智商又高情商的读者才能看懂这本书。”（观众笑）多巴安反应很快。

“这本书的故事情节的确错综复杂，可为什么书名起得如此简单，叫《萝卜和青菜的故事》？”

“是这样的，我和我老公是在四川吃火锅时认识的，当时就坐在小辣椒和他先生旁边一桌，我们只点了一盆萝卜和一盆青菜，萝卜青菜，各有所爱嘛。为了纪念我们的爱情麻辣烫，我的书就取名为《萝卜和青菜的故事》。”

现场观众不禁大笑起来，掌声热烈。厉害！王闯心想，不仅解释了书名，还照应了前面小辣椒和她先生的故事。

“原来如此！这本新作呢，不仅题目起得惊艳，内容也十分精彩！比如第 38 页，每次读到这段话时我都忍不住潸然泪下，请借我一张纸巾，因为实在是太感人了。多巴安女士，就请你为我们深情朗读这一段吧。”现场观众一边大笑一边鼓掌，给多巴安加油！王闯心想，这个太高难度了，我肯定编不出来。

飞姐拿起纸巾佯装擦拭眼角的泪花，同时把空白的笔记本递给了多巴安。只见多巴安笑笑说：“往事让我黯然神伤啊，也请借我张纸巾。”然后接过笔记本翻开一页，流畅地“读”起来：“我老公是个特别浪漫的男人，特别浪漫是指，既特别又浪漫。我看完《罗马假日》，说想去欧洲，他第二天就在网上订购了一张欧洲地图送给我，说是看着地图就相当于去过了；我说要去看星星，他说一定要到高山之巅去看，结果第二天，他就把我带到了佘山（佘山：上海最高的山，但海拔只有98米）。你说我有这样‘特别’浪漫的老公，能不哭吗我？”（热烈的掌声）

“不哭不哭，其实这本书里除了有泪，还有很多搞笑的片段，比如第57页的第三段，再次请多巴安给我们读一下好吗？来，掌声送给她！”

飞姐拿过笔记本随便翻了两页，又递给了多巴安。

只见多巴安从容地接过笔记本，说：“其实这段写的是我老公纠结的内心独白，当时他还是我的男朋友。他在心里想：‘我到底是去加班还是跟她约会呢？去约会，会得罪我现在的老板；不去约会呢，会得罪我将来的老板。得罪现在的老板，可能会失去一份绝好的工作；如果得罪将来的老板，她可能会离我而去，如果她离我而去，现在这份绝好的工作又有什么意义？头痛啊头痛！’”（观众大笑）

“后来呢？”飞姐追问。

“你说呢？”

“哈哈，果然一切尽在掌控之中啊。最后呢，让我们有请多巴安来读一下她在本书中最励志的一段话吧！”

多巴安一不小心，笔记本从手中滑落在地，但她反应很快，笑笑说：“这么励志的话，我当然不看也记得了。我写的是：男人不是东西！（女观众笑）因为男人他根本就不是个东西（女观众大笑），男人是人，他怎么能是个东西呢？（男观众笑）所以，要想你的男人爱你，就不能把他当成个东西，而是要把他当成人，来爱！”（全体观众热烈鼓掌）

“太棒了多巴安！再次欢迎你的到来，预祝新书大卖！各位电视机前和现场的观众朋友们，感谢收看本期的《今夜相伴》，我是害羞少女兼主持人飞飞，咱们下期再见！”

现场掌声和笑声连成一片，王闯听得目瞪口呆，就这么一个空白笔记本都能玩出这么多花样来，他真是被惊到了！等他回过神来，却是抑制不住的兴奋，太棒了！“这就是我要的感觉，我也要像他们那样在台上侃侃而谈，让观众为我哭为我笑。是的，我要加入头马俱乐部，立刻，马上！”想毕，王闯站起身来，向飞姐走去……

身为会员副主席的飞姐为王闯准备了隆重的入会仪式，王闯再一次被邀请到讲台上。

“王闯，我问你三个问题，每个问题请用一句话来回答，可以吗？”

“没问题。”

“你现在是什么心情？”

“相见恨晚！”

“你为什么要加入头马？”

“为了梦想！”

“你能为俱乐部贡献什么？”

“我会贡献——我自己！”

王闯的回答获得了热烈的掌声，会员举手表决，一致同意王闯成为俱乐部大家庭中的一员。

激昂的音乐瞬间响起，男女会员们纷纷上台，整齐列队，依次拥抱王闯，这是俱乐部欢迎新会员的仪式。据说，有一些男会员就是因为这个“零距离”入会仪式才决定加入的。王闯最希望拥抱的子涵因为拿着摄像机录像，没能参加这个仪式，令王闯很是遗憾。

按照流程，飞姐需要为王闯指定一位 Mentor（顾问）。

“子涵，你愿意做王闯的 Mentor 吗？”这个问题让对拥抱环节有些许遗憾的王闯立刻重新振奋了起来。

“我愿意。”

“王闯，你愿意子涵做你的 Mentor 吗？”

“我愿意！”王闯心想，这个环节一定预示着什么，一定！

飞姐特意给王闯使了个眼色，意思是“小样，飞姐够意思不？”

王闯回给了飞姐一个眼色：“东北人果然是活雷锋啊！”

充满活力又有激情的俱乐部活动结束了，时间已经不早，但大家都不急着回家，依然留在会场相互交流。王闯是真心喜欢头马，他决定以后每周都来参加活动，多做备稿演讲并第一个举手做即兴演讲。为了防抢演讲、为了年会主持、为了梦想，让脸丢得更猛烈些吧，干脆就不要脸了。

第 10 章
高瞻远瞩

王闯问谢恩："你们每次都这么充满激情吗？"

"当然了，头马就像人体充电器，能让我们保持兴奋感。你看啊，当心理舒适区遭到挑战后，我们会兴奋；当站在讲台上接受台下观众热烈掌声时，我们会兴奋；当跟陌生来宾进行破冰沟通并成为朋友时，我们会兴奋。所有这些，都是头马带给我们的。在头马获得正能量的方式不像那些兴奋类药物，它无毒无害，都是咱们身体自产自销的！"

"哈哈，怪不得你们一个个都跟肾上腺素分泌过剩似的！这种兴奋能持续多久呢？"

"差不多 3 ~ 4 天吧。"

"不够一个星期啊。"

"上海的头马俱乐部有 100 家呢，你每天都可以去哦。"

"好，只要我有时间就去，把档期排得满满的。"

"你不会后悔的！我现在很少在晚上 10 点前回家，每天都去参加不同圈子的活动，保持激情、结交新朋友、培养新技能、挑战舒适区、获得新理念、整合新资源。这比每天晚上回家看电视要有意义得多。"

谢恩出席各种社交场合已经相当的游刃有余，这也为其职业发展获得了大量宝贵的人脉资源。

王闯给自己制定了一个原则：尽量多地处在人群之中，尽量多地在人群中发言。

加入头马后的王闯每天像个小蜜蜂一样辛勤忙碌着，有一天"飞"回家后，他发现最近一个月的水电费竟然骤降了一半，原来，业余时间出去参加活动还能为国家节约大量的能源。

同事们看着每天激情澎湃的王闯，给他起了个极其匹配的绰号——"鸡血王子”。也难怪，以前公司每次组织 Outing（旅游），他不是屁股疼就是脑袋疼，不知道打了什么鸡血后，他竟然神奇般地“痊愈”了！整天嚷嚷着什么时候能出去 Outing。

“鸡血王子”每周最期待的活动是瑜伽课，因为这是跟子涵难得的独处机会。

子涵在瑜伽课上大口地深呼吸，尽情地拉伸身体，不断挑战身体极限。她的身体软若盘丝，而王闯的身体却硬如磐石，瑜伽教练坚持不懈地给王闯按压身体，估计这位教练是孙中山先生的后代，尽管每次按压都不甚成功，却激起了他内心的昂扬斗志，屡战屡败，屡败屡战！哥们就不信了，这男人咋就这么硬！王闯疼得咬牙切齿，却不敢做声。

下课后，子涵神清气爽。王闯和瑜伽老师彼此浑身酸痛，两个男人相视一笑，离开了教室。

和往常一样，王闯和子涵各自拿了一杯蓝莓麦片优格，伴着舒缓的音乐，浑身舒爽地倚靠在沙发上，隔着茶几，四目相望。

“王闯，听说你最近去了五家头马俱乐部？很棒哦！”

子涵为王闯的努力感到由衷的高兴。

“嘿嘿，多谢鼓励！不过，在拜访的过程中，我发现了一个问题。”

“说来听听？”

“我感觉我能讲的东西太少了，上台后经常词穷。”

“这很正常，演讲是输出的过程，多输入才能保证多输出。你可以像我一样把空余时间统统用来阅读，在时间充裕时，我会阅读书籍和杂志；在地铁内、等车时或者其他琐碎时间里，我会用手机阅读高质量的订阅号文章，比如剽悍一只猫、秋叶大叔、彭小六，他们的文章都不错。如果你能每天保持大量输入，就不用担心没有演讲素材了。不过，我必须提醒你，你所读到的任何内容都是别人的，观众最喜欢听的，是故事，尤其是你自己的故事。”

“自己的故事？可是，我自己真没有什么精彩的故事可以讲。我从小在农村长大，一直过着比白开水还清淡的生活，悲催的故事有很多，成功的基本没有。”

“谁说悲催的故事不是好故事呢？！你知道冯小刚导演吧？”

“知道啊。”

“你知道他患有白癜风吧？”

“嗯，电视里看到过。”

“有一次，冯导在《锵锵三人行》节目中提到，经常有热心人苦口婆心地劝他治疗白癜风，甚至有人愿意免费献出祖传秘方，冯导说谢谢大家，这小病是报应，如果能让一些人心里爽一把，他自己也开心，就算能治愈，自己也变不成黄晓明，顶多就是一个不用打底色的杜月笙。这段话把主持人和观众都逗乐了。你看，患白癜风挺悲催的吧？但冯导却把它讲得非常精彩！”

“确实很精彩啊！好像换一种方式讲故事，效果就完全不一样了。”

“你也换一种方式讲讲看？”

“嗯，我试试。你看啊，我虽然在农村长大，但农村生活让我对大自然非常熟悉，我知道草莓长在哪里，你知道吗？我能用眼睛区分韭菜和小麦，你能吗？我可以详细描述老母猪从怀孕到下仔的完整过程，你可以吗？”

讲着讲着，王闯的自豪感油然而生。

“你说的这些素材都很好啊！”

王闯提到的三点，子涵还真是都不知道。

“王闯，你现在就可以开始收集演讲和聊天用的素材了。素材的收集可以围绕你的过去、现在和未来。试着每天回忆从小到大发生的故事，把它们整理出来；试着用手机或记事本，把每天看到的、听到的、想到的好故事及时记录下来；试着把对未来的思索和愿景也都记录下来。一段时间后，不断积累的素材将成为你人生的宝贵财富。”

“好，都记下了。我想再请教你一下，讲故事有哪些技巧呢？”

“好，我给你讲一讲**讲好故事的 3 大原则**——

① 让你的故事有情节、带感情

很多演讲者有一个共性问题，他们知道讲故事特别重要，但是他们怎么讲呢？“我早上写文章、中午吃饭、下午打游戏、傍晚跑步、晚上见隔壁老王……”这就是他们的故事。很多都是类似这样的方式，但这并不是故事，是流水账，没有情节、没有感情、平铺直叙，听众不会喜欢。还记得小时候奶奶给讲的经典故事吗？从前有座山，山里有座庙，庙里有个老和尚，听完这三句话，我们瞬间就会被带入到那个情境中。因为这三句话包含了讲故事中非常重要的三个因素：时间、地点、人物。

在故事中，出现时间、地点和人物之后，一个故事就有了基本的样子。

接下来，更重要的是情节，没有情节的故事会让人昏昏欲睡。最精彩的情节是有套路的，坏蛋作恶，然后英雄打败了坏蛋。坏蛋可以是困难、问题、痛点、不幸、糟糕的体验等，英雄呢？可以是价值观、好的体验以及解决方案等。

乔布斯就是位会讲故事的大师，它在介绍产品之前往往会做一些铺垫，引出“坏蛋”出场。比如，在发布 iPhone 时，乔布斯罗列了一大堆所谓的智能手机，抨击了一通后再引出这些手机一点都不智能，并没有给我们的生活带来很多便利。接下来，英雄出场，iPhone 就扮演这个角色，有了 iPhone，世界得到了拯救，英雄让世界更加美好！

讲故事其实比想象得更简单，只要你的故事有时间、地点、人物、冲突、结局，同时记得带上自己的感情，效果就不会差。

讲故事是艺术，可以源于生活，适度的高于生活。重点是，让你的故事有情节、带感情。

② 让你的故事会说话

演讲有四大目的：传递信息、娱乐、说服和激励。讲故事也要有目的，不是为了讲而讲，比如通过讲场景故事来向顾客介绍产品，通过讲自嘲故事来娱乐听众，通过讲成功案例来说服顾客，通过讲“草根”逆袭故事来激励团队……

大部分观众都不喜欢听大道理，他们喜欢听故事，因为故事听起来更真实、更有温度，能够在开始时就建立与演讲者之间的链接，这点非常重要，对于演讲者来说，首要任务就是让观众喜欢你，讲故事是非常有效的方法，通过故事来讲道理，观众的接受程度会大很多。

举个例子，我的座右铭是：坚持、不要脸、坚持不要脸。这十个字是个金句，如果只是这样直接讲出来，观众没有什么感觉，如果想让观众接受这十个字，需要通过一个故事进行包装。我会讲一个发生在我身上的真实故事：当时去一家德国公司面试，前三轮都顺利通过，最后一轮群面，失败。但是我没有放弃，主动问人力资源经理我失败的原因，她告诉我，有一位面试官不同意给我 Offer，她也没有办法，后来我主动跟那位面试官沟通、无效，再后来又跟我这个岗位的负责人沟通、无效，但是我仍没有放弃，又给 CEO 发了一封长长的邮件，讲了我面试这段时间，从了解公司到四轮面试、到永不放弃的故事，最终，成功拿到了 Offer，最后，我可以升华到：失败与成功之间的距离往往只有 10 个字：

坚持、不要脸、坚持不要脸。

故事讲完后，每一位观众都会对“坚持、不要脸、坚持不要脸”印象深刻。

刚刚，我只是对这个故事做了一个简单的概览，其实完整的故事可以讲 20 分钟，里面能够加入更多的场景和细节。

这个故事除了可以用来包装“坚持不要脸”之外，还可以用来包装如何通过面试，如何做好沟通，如何发邮件，如何做到积极主动……主要看讲话的场景和观众需要。

请记住，不管是讲自己还是别人的故事，这个故事都需要有目的，让你的故事会说话。

③ 让你的故事有画面感

当你讲的话能够在观众脑海中产生画面感时，留给观众的印象就会更加深刻，比如我刚刚讲到的，从前有座上山，山里有座庙，庙里有个老和尚……你是不是产生画面感了？其实啊，产生画面感的主要原因就是调动了我们的**5大感觉**：视觉、听觉、嗅觉、味觉和触觉。下面举个例子来说明下如何通过 5 大感觉描述天气很冷。

视觉：窗户上结满了霜花，昨晚泼在院子里的水结成了厚厚的冰；

听觉：窗外的西北风呼啸着吹，窗户都被吹得发出了阵阵响声；

嗅觉：走在路上，闻到的是刺骨的寒气；

味觉：轻轻地吸一口气，就好像吃了一口冰激凌；

触觉：在外面骑自行车的时候，还没几分钟，两只手就失去了知觉。

我非常喜欢柴静的演讲，她就很擅长使用 5 大感觉，整个演讲都让人沉浸在画面感中，注意力被她牢牢抓住。比如，她在一次演讲中讲到：

"春天来的时候门开着，风进来，花香进来，颜色进来，有的时候你碰到雨或者碰到雾的时候，你会忍不住想要往肺里面深深地呼吸一口气，能感觉到那个碎雨的那个味道，又凛冽，又清新，秋天的时候你会想跟你喜欢的人一起，就一个下午什么都不干，懒洋洋地晒一会儿太阳，到了冬天，你跟孩子一块出门，雪花飘下来她伸着舌头去接的时候，你会教给她什么是自然和生命的微妙。"

One More Thing：让自己成为有故事的人

有些人上台讲话毫无吸引力，很重要的原因是不会讲故事，而不会讲故事，很重要的原因是没有故事可讲。你就算学再多的讲故事模型和套路，如果自己没有故事可讲，也是白搭，所以，让自己成为有故事的人，才是讲好故事的核心！

如果你现在的生活，每天都是围绕着公司和家两点一线，回家之后就葛优躺、看电视，那你不会有好故事。如果你去结识一些厉害的牛人，去听听牛人的故事，更重要的是，去做一些有挑战或与众不同的事，比如去霸占舞台，你会发现，人生将因此丰满很多。如果你坚持去做有挑战的事，持续突破心理舒适区，多则半年，少则一个月，你就能明显看到自己的进步，进步的过程中充满了好故事。请你记住这句话：如果只学一个技能，就可以带给自己一系列的改变，这个技能，就是演讲。为了演讲，多去经历吧。

"太棒了，子涵！我感觉自己正在成为一个有故事的人。你的 3 个方法我都一一记下了，接下来就是去实践了。"

"没错，任何技能，只有用起来才能变成你自己的。"

"对了，我下周要做第一个既定演讲，演讲手册上写的是'破冰演讲'，要求做一个 6 分钟的自我介绍？”

“你有思路吗？”

“我想先介绍我的家乡，然后介绍我的童年、我的中学、我的大学、我的工作，差不多能凑够时间了吧？”

“凑时间是演讲大忌！你的演讲是给观众听的，观众喜欢，说明你的演讲成功；观众不喜欢，那就是失败。你想想，东拉西扯说了一大堆，观众能喜欢吗？优秀的演讲者会一直问自己一个问题：我的演讲跟观众有什么关系？”

“嗯！那观众喜欢听什么样的演讲呢？”

“你首先要了解观众的类型，然后再对症下药。试想一下，在亚太经合组织峰会上大谈周杰伦绯闻，什么效果？”

“悲剧！”

“所以说，在准备演讲之前，你要充分了解自己的观众，他们是谁？他们来自哪里？他们想要从演讲中得到什么？我能给到他们什么？你知道吗，因为不了解观众需求导致的演讲失败比比皆是，比如 2016 年 7 月 1 日，年薪 150 万的百度前总监刘超在国际体验设计大会上做了个演讲。台下观众是 3000 位创业者和设计师，层次和品味很高，他们需要的是精辟见解、格局和情怀，刘超可以讲设计师十年间的改变来映射互联网对需求的变革或者最前沿的设计语言等，结果，他在这样的 3000 人大会上，讲了场校园招聘会式的演讲，这个演讲大学生会很喜欢，但大会上的观众肯定就不买账了，直接在现场骂他 low，最终，刘超被百度开除。”

“真是悲剧，估计他以后找工作都难了。我来分析一下头马会员吧，他们多为 80 后的外企白领，来自各行各业，思想比较开放，希望在俱乐部听到

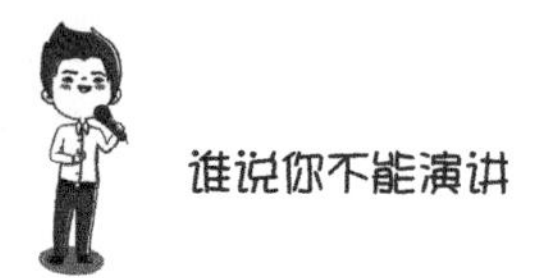

新鲜故事、幽默故事、励志故事以及有价值的信息。”

“分析得很好！接下来，我再给你讲讲**从零开始设计演讲的‘金包骨’法**。”

“太棒啦！不过，金包骨是什么？”

“金包骨是金句、包装和骨架，我慢慢给你讲——

金句是用一句精彩的话总结你的观点，是你发言的灵魂，听众可能忘记你讲的大部分内容，但会记住并实践你讲的金句。设计一篇演讲稿，可以从金句开始。

需要注意的是，金句是那句可以触动你内心、激励到自己或让你自己有所启发的话，只有当自己认同这句话后，你才能去影响别人。

金句往往有 3 个特点：简单、具体、对别人有价值。如果想要观众对金句印象深刻，需要重复、重复、重复，至少讲三遍。金句可以借用别人的，也可以自己设计，设计金句往往不是一蹴而就，如何设计呢？可以先做加法，再做减法，最后像提炼金子一样提炼出金句。比如，我觉得学演讲要有一种不要脸的精神，并且坚持不要脸，才能战胜恐惧，这句话太长了，没有力量，继续改，坚持不要脸，才能享受这个世界，还是不太够，继续改，最后确定——坚持不要脸，世界才会给你脸。

苹果公司每一个广告标题都是一个金句，乔布斯或 Tim Cook 在发布会上都会讲金句，讲完后，全球的营销团队统一上线推广，各大媒体也纷纷用金句作为标题，起到了极好的宣传效果。我最喜欢的金句是乔布斯在 2001 年发布 iPod 时讲的，他可以只讲参数，重量仅仅 0.19 千克，却有 5GB 的大空间，而且使用非常方便。但乔布斯才不会这么干呢，他讲了一个金句：1000 Songs in your pocket（把 1000 首歌装进口袋），之后，这句话开始在全世界传播。

有了金句之后，你需要对金句进行包装，更加精彩直观地呈现给观众，而最好的包装方式，就是讲故事，这点我刚刚跟你讲过了，就不再多说了。

除了用故事包装之外，你也可以对金句进行解释，就像乔布斯喜欢的思路：金句、解释金句、强调金句。在发布 GarageBand 这款 App 时，乔布斯讲的金句是‘新一代专业音乐创造工具软件’，然后，他用几句话来解释和概括这款 App 的特性，最后强调，它能做到的就是，用你的苹果电脑创作音乐也能达到专业录音室的效果。

有了故事做包装后，就可以用逻辑结构来串起来了，比如使用总分总，有开头、有中间、有结尾，结尾时记得呼应开头，并且在结尾处升华。

开头的作用是引起观众注意力，非常重要，那如何开头呢？假设你要做一个激励大学生霸占舞台的演讲，我给你介绍**5 个简单有效的开头方法**。

① 讲一组数据

你们知道吗？80% 的好的应届毕业生就业岗位被 20% 擅长演讲的学生得到了。

② 讲一个惊人的观点

美国做了一个统计，最让人恐惧的事：排名第一的不是死亡，而是演讲。

③ 提问

哪些人曾经做过公共演讲？感受如何？

④ 讲一个故事

比如讲你自己第一次演讲时的尴尬片段。

⑤ 公交车报站

公交车报告接下来到哪里，去哪里，乘客才会踏实。你可以在开场时说，在接下来的 50 分钟内，我将从 3 个角度介绍大学生为什么要学演讲，听完之后，相信大家会有所启发。

搞定开头后，中间呢？中间的作用是展开，可以解释、可以讲案例或者故事，来包装金句。结尾部分的作用是呼应开头，可以讲得感性一些，讲讲情怀，拉升高度，号召行动。

你看，金句、包装和骨架都有了，用金包骨法设计演讲，是不是特别简单？

再给你举个例子：Linda 要准备一个演讲。

目的：激励团队完成年度销售目标。

观众是谁：自己的下属，对自己很熟悉也很支持。

金句：坚持，是销售人员的高贵品质。

包装：解释为什么坚持是销售人员的高贵品质，讲销售冠军因为坚持赢得订单的故事。

骨架：开头讲今年目标完成情况以及下一年年度目标，强调我们可以实现；中间讲今年过程中的困难，以及销售冠军如何没有放弃，超额完成；结尾放上音乐《我相信》，打开摄像机，每一位销售人员面对摄像机讲出自己的承诺，在仪式感和承诺中结束发言。

“WOW，金包骨，真是太棒啦，我马上把它用来准备第一次演讲！”

“你可以的！”

“还有个问题，你觉得我要不要写演讲稿。”

“我建议你写，很多初学演讲的人会出现一个问题，准备的跟讲出来的不一样，脑子里想的是 A，讲出来的是 B，观众理解的是 C，很尴尬。如果把演讲稿写出来，认真准备，就可以避免这个尴尬了。而且你知道吗，只有把演讲稿写出来，你才会发现自己有多少废话，优秀的演讲不是写出来的，是改出来的！等你做完 10 个演讲后，就可以不用写稿子了，只列大纲即可。”

“好的，我会认真写演讲稿，然后反复修改。对了，听说第一个备稿演讲可以读？”

“王闯我问你，还记得你的梦想吗？”

“我要成为演讲高手！忘不了！”

“想快一点实现梦想吗？”

“当然想了！”

“那你就要以追求梦想的高度来对待你的演讲。就像我们制定考试目标一样，如果我们的目标是考 100 分，就会用 100 分的努力去学习，结果往往可以考到 90 分以上；如果我们的目标是及格线，那我们的努力也就只有 60 分，结果往往不能及格。所以我们要高瞻远瞩，把目标拉到飞机的高度、拉到国际空间站的高度、拉到梦想的高度！”

“嗯，拉到梦想的高度！”

“所以，你必须要脱稿，讲，用心讲，而不是读，脑子里装的是观众，而不是稿子。写完演讲稿后，认真准备，准备到看不出有背诵的痕迹就可以了。”

“嗯，明白了。”

“非常好！今天我有事得先走了，你下周有空吗？我帮你系统梳理一下公众演讲的提高方法。”

这是子涵的主动邀约，王闯必须有空啊！

“没问题，时间地点你来定！”

两人并肩走到门口。王闯突然眼前一亮，他看到了自己最喜爱的玛莎拉蒂 GTS 跑车，眼睛直勾勾地盯在了这辆车上，连连感叹它的优雅、帅气。有那么一瞬，他幻想自己开着这辆跑车去兜风，子涵坐在旁边，迷醉于上海的浪漫夜色中。正迷醉着，子涵的声音打断了他："我先走了，你早点回家吧。"

王闯还没缓过神来，发现子涵已经离他越来越远，而离玛莎拉蒂的距离却越来越近，王闯的心脏开始隐隐作痛，是的，她走向了玛莎拉蒂，轻轻打开车门，正如王闯幻想的，子涵真的坐上了这辆玛莎拉蒂迷醉于上海的浪漫夜色中，可旁边的人，却不是他……为什么会这样？王闯的心像被丢进了绞肉机，他多么希望这一切都是幻想，可心脏的绞痛感却让他清醒的知道，这是现实！

第 11 章

破釜沉舟

王闯是个单纯的大男孩，情绪会毫无掩饰地写在脸上。他在晨会上心事重重的模样没有逃出有过十数段情感经历的“过来人”王姐的法眼。

王姐是公司著名的实战派情绪管理大师，她在感情上屡次受挫，却总能在第一时间把情绪调整好。有一次，王姐前脚刚被男朋友甩掉，后脚就去开导另一位刚被女朋友甩掉的男同事。也因此，王姐和时间管理实战派高手小吉一起被赞誉为公司实战双雌！

“王闯，前些天火一样的热情，熄了？”

“没有啊，王姐，我挺好的。”

“别装了，你王姐见过的男人表情比你微信里的表情包还多。跟王姐说实话，失恋了吧？”

“确实是感情上的事，可是，我这还没有恋，也不知道算不算失。”

“让王姐构想一下。你，是不是正在暗恋一个姑娘？”

“嗯。”

“你有情敌，且是一个实力不俗的家伙，姑娘目前还没有做决定？”

“王姐，您副业是算命的吧？”

“你王姐在恋爱上的学费不是白交的，如果摆个算命摊，那排队的长度肯定超过上海迪士尼。”

“我相信，不过，排队的人不是来算命的，都是来听都市言情故事的吧？”

“你想不想听？王姐可以给你开个小灶。”

“多谢王姐好意，我实在没有心情听故事了，您有时间的话还是来开导开导我吧，或者，您给我推荐一本调整情绪的书也行。”

“这种书在市面上太多了，内容充斥着什么注意力转移法、适度宣泄法、音乐疗法等，这些方法只能起到缓解作用，治标不治本，比如你听音乐的时候确实忘记了内心的疼痛，但音乐停掉后呢？疼痛又回来了，甚至可能会更加痛！最好的情绪调整方式呢，是釜底抽薪，让自己从心理上真正调整过来。遇到王姐是你的福气，这样吧，我先跟你分享**3个情绪调整方法**，都是在心理层面从根本上调整情绪——

①挫折价值法

太容易得到的事物往往给人感觉比较廉价，珍惜度不高。如果唐三藏在高老庄取得了真经，就不会产生那么大的轰动，只有在历经九九八十一难后取得真经才会震惊于世！挫折是成功前有且必要的一步，挫折越大，成功的价值就越高！你只需坚定自己的信念——不管遇到多大挫折，她最终都会是我的，遇到的挫折越大，我们的爱就越深。把这点好好记在心里！

②越挫越勇法

你王姐现在的老公比以前任何一位男朋友都要优秀，物以类聚、人以群分，你是什么样的人，就会吸引什么样的人。王姐以前不懂事、傻傻的，所以结交的男朋友也都是不懂事、傻傻的，后来随着阅历的增长，王姐结交男朋友的质量和层次也越来越好。和不同男朋友的交往经验让王姐对男人的心思了如指掌，恋爱能力也越来越高。每次与男朋友分手后，我都会试着使用不同的方法来调整情绪，这些宝贵的实战经验就是你王姐后来在感情上修成正果的最大功臣。久病自成医，等你挫败多了，自然也会像王姐一样修成正果，同时获得实战派情绪管理大师这样的江湖地位。想着越挫越勇，心情自然就舒畅了。

③留条退路法

你看咱这小伙儿，一表人才，将来那肯定是前途无量。男人嘛，越老就越值钱，哪怕追不到目前这位，将来还有更好的姑娘等着呢，这次的经历权当是为以后积累经验了。

“对不起王姐，我不同意您这个观点。既然选择了她，我就不会留有退路；既然认定了她，我就绝不留有余地！这是一个负责任的男人对爱的基本承诺，爱，就爱到底！”

“好小伙儿，王姐很欣赏你这点。我之前一直不停地换男朋友，很大程度是因为遇到了太多留有退路的男人，更主要的是因为我也在不停地给自己留有退路。王闯，王姐相信你，加油！执着的男人最有魅力！来，让王姐抱抱。”

王姐给了王闯一个温暖而有力的拥抱。王闯前一段时间对同事们的感情投资结出了果实，同事们纷纷跑到王闯身边，真诚地安慰他、鼓励他，王闯感受到喝完姜糖水般的甜蜜与温暖，情绪也调整了过来。

原来，要调整好情绪，除了积极乐观的心态，还要有，朋友。

第 12 章

门当户对

时间奶奶滴答滴答地向前迈着匀速的步伐，太阳公公懒洋洋地向西踱着步子，白昼渐去，华灯初上。忙碌了一整天的都市白领们凝视着秒针划过整点的一刹那，就像圣斗士穿上了圣衣，能量瞬间恢复，毫不留恋地离开守候自己8小时的液晶屏幕，回家、聚会、非诚勿扰。

今晚对一个人来说格外重要，因为他迫切地想知道那天晚上到底发生了什么。

王闯比约定时间提前十分钟到达，子涵已经坐在了那里，一个靠窗的位子，窗外是夜色中的黄浦江，从窗口吹进来的江风吹乱了子涵乌黑的秀发，吹乱了她本就凌乱的思绪。

“子涵，你脸色看上去不太好，不要紧吧？”王闯为子涵担心。

“哪里不好了？你那张大脸才像是布满了悲剧故事呢。”

“呵呵，可能咱俩脸上呈现的是同一个故事吧。”

连隔壁桌的幼儿园小朋友都能看出子涵和王闯在强颜欢笑。

“对了，我那天晚上看到你坐上一辆豪车走了。”

子涵沉默不语，把头转向窗外，情绪随着江水一起涌动。王闯没有打扰子涵，随她一起望着窗外，呼吸着闷潮的空气。

“你怎么理解爱情？”

王闯吓了一跳，子涵是让他做个演讲啊，还是个无比重要的即兴演讲。王闯想到了即兴演讲的5大结构，可以用PREP结构。

“我觉得爱情是两个人一起耕耘出的果实。还记得你在我表哥婚礼那天做的演讲吗？你说在这个物欲横流的时代，爱已经变得那么的世俗。但是，当太多人选择在宝马车上哭的时候，也一样会有人选择在自行车上笑，而愿意在自行车上笑的人，才能体会到真爱的滋味。其实，这也是我的观点，中国的爱情讲究门当户对，背景相当的情侣会有更多的共同语言和共同价值观，而王子和灰姑娘的故事虽然唯美，却因为背景相差悬殊而难有续集，就像查尔斯王子和戴安娜王妃。我希望能和我未来的她首先在自行车上笑，然后一起努力在QQ车里笑，再一起奋斗到在宝马车里笑。能一起风花雪月，那是情爱；能一起柴米油盐，才是爱情。”

王闯有点不敢相信自己的嘴巴，他竟然一口气讲了这么一大段，还结合了潜在情敌的情况讲得有的放矢！

子涵很喜欢王闯的回答，脸上露出了一丝笑容。

“你想知道那天晚上我去哪了吗？”

王闯略微放松的神经再次绷了起来。他盯着子涵的眼睛，用力点头。

“妈妈的最大客户申申集团邀请她去参加总裁私人舞会，但有个附加条件，就是要带我一起去。”

“我怎么感觉他们邀请的不是你妈妈，而是你呢？”

“那天来接我的人是总裁的儿子柴昆昆，我本想拒绝，但怕妈妈难过，就硬着头皮去了。柴昆昆待我倒是很好，就是好得过了点头。”

“那后来呢？你妈妈开心吗？”

“她一直很开心啊，还觉得我和柴昆昆挺合适的，可是……”

王闯听不下去了，他耳闻过上海丈母娘的厉害。如果柴昆昆有了“未来丈母娘”的强力支持，自己就危险了。王闯觉得，他必须采取主动。

“子涵，在我看到你的第一眼后就喜欢上了你。因为你，有一颗叫‘改变’的种子开始在我体内生根发芽；因为你，我重新找回了拥有梦想的感觉。虽然现在的我配不上你，但我会不断地努力向前，直到你接受我。”

“笨蛋，我接受你了，你就不向前了？先不谈这个了，继续聊你的演讲吧。”

王闯很喜欢子涵叫他“笨蛋”，像个笨蛋一样嘿嘿地傻乐了好一会儿。

两人把心理话说出来后感觉痛快了很多，开始系统梳理成为演讲高手的方法。

第 13 章

学练评赛

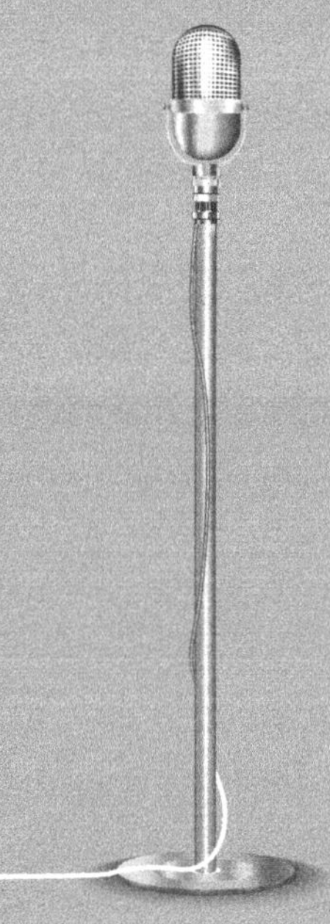

“王闯，你为什么想成为演讲高手呢？”

王闯想了一下。

“表层原因是我不想再出现类似参加表哥婚礼时的尴尬；中层原因是想把演讲能力运用到工作和生活中；深层原因是演讲能力会助我实现自身价值。”

王闯心里其实还有一层原因，成为演讲高手的过程会帮助他和子涵的关系慢慢发酵。

“说得好！这些理由就是你的内在动力。我建议你把这些理由视觉化，最好能时刻看到他们，不断刺激你。比如把你成为演讲高手时做演讲的样子想象出来，变成愿景；把你表哥和我表姐的结婚照挂到卧室最显眼的地方，时刻提醒你那天晚上遇到的尴尬；把史蒂夫·乔布斯演讲时的照片放在你的办公桌上，时刻提醒你演讲能力可以创造出巨大价值！”

“好，我回去就办。对了，我能拍一张你的照片做通信录头像吗？”

王闯其实是想把子涵的照片打印出来挂到自己的卧室墙上，每天提醒自己。荷尔蒙的力量比金钱和地位的刺激来得都要强大。也难怪，很多旷世奇作都是被即将或正在热恋中的人创作出来的，就像罗大佑之于张艾嘉的《光阴的故事》。

“好啊，你拍吧。”子涵没想那么多。

美人就是美人，没有粉黛装扮、没有刻意造型，随便按下快门，就创作出一张摄人心魄的艺术杰作。王闯对这张照片极为满意。

“现在，我来教你成为演讲高手的系统方法**学练评赛**——

①学

你可以看大量名人的演讲视频，克林顿、奥巴马、牛根生、马云，还有一些 TED 演讲等，看牛人的书籍和演讲，会让你知道什么是好的演讲以及自己的差距。《论语》里说“取乎其上，得乎其中；取乎其中，得乎其下；取乎其下，则无所得矣”，把目标定得高一些，以这些名人为标杆，进步的空间比较大，不容易得意忘形。

学习过程中，我建议你关注3个方面：内容、肢体语言和声音，一个演讲反复看3遍以上，从细节处研究这些演讲高手讲的内容，肢体动作是如何处理的，比如站姿、手势、走动、面部表情以及眼神交流，还有声音如何做到抑扬顿挫。我不希望你成为另一个奥巴马或马云，而是先学习，再通过模仿和练习，形成你自己的演讲风格。

除此之外，你还可以买演讲的书籍、参加演讲课程，持续学习演讲方法论和工具，在理论上全面武装自己。

②练

提升演讲能力，练习更加重要，也就是要不断霸占舞台。我第一次霸占舞台，就是在头马做自我介绍，看似简单，我依然紧张到一个星期没睡好觉、没吃好饭，准备演讲稿、背演讲稿，整个人都不好了，直到做完这个演讲，有一种如释重负的快感，发现太阳都比以前更明亮了些。

后来我明白了，这是成为演讲高手的必经之路，没紧张过的演讲者，不是正常人……人生就需要经历这样的挑战，没有挑战，就没有礼物。

你可以先在20人面前霸占舞台，然后到30人，50人，100人，300人，500人，1000人……霸占舞台的过程中，你的脸皮会越来越厚，演讲能力也会越来越强。

霸占舞台不一定非要正经八百的演讲，平时跟同事和朋友聊天、玩狼人杀游戏甚至一些网络游戏，都是练习演讲的好机会，一个人平均每天要讲7000个字，通过刻意练习，把这7000字讲得越来越好、越来越有价值，是你要做的事。

③评

如果只是纯粹地霸占舞台，你的提升会有限。10000小时练习不一定让你成为顶级专家，就像我小时候打乒乓球，家里穷，我和表姐找来两扇破旧的门板，下面用砖头垫高，门板中间再放一排砖作为网架，乒乓球桌就搭好了，再捡来两片木板，用烧红的铁棍把木板切割成球拍，在这样的环境下打球，看似很励志，但打一辈子也就这个水平。被专业教练教一天的孩子就可以秒杀打了几年的我……

每次霸占舞台后，我建议你向观众寻求反馈：您觉得我哪里可以表现得更好点。这个过程极为重要，因为演讲是讲给观众听的，观众的反馈就是最好的建议，而且观众往往还会提供一些新的观察视角，会让你的反思更深刻。

除了向观众要点评外，就是上次我告诉你的，给自己录像。录完后忍着心里舒适区被挑战的痛苦回看，我建议你从3个维度评判：内容、声音和肢体语言。针对这三项，给自己打分，以及分析对应的提升点。

只要坚持被别人点评和自我点评，一段时间后，你会爱上视频中的自己。这就是量变到质变。

④赛

霸占舞台的过程中，你需要不断升级挑战，其中一个BOSS级难关就是演讲比赛。因为参加比赛就意味着好多评委打分、意味着要排名、意味着晋级或被淘汰……这会倒逼你用100%的努力来准备一个最棒的演讲，如果晋级的话，你还会迭代之前的演讲，演讲质量不断升级，舞台越来越大，观众越来越多，评委越来越专业，对手越来越强，也意味着自己的演讲能力随之不断升级。

头马每年都会举办演讲比赛，你必须要参加！比赛有明确的比赛规则和流程，晋级顺序依次为俱乐部级别、小区级别、中区级别、大区级别、世界级别，每年英文演讲比赛的全国冠军可以代表中国前往美国参加世界演讲比赛。

“王闯，记住，你的目标，是世界冠军！相信自己，你可以做到！”

“嗯，我一定可以！”

王闯突然感觉自己身体内流淌的是世界冠军的血液，更加亢奋起来！

“学习演讲的系统方法要讲完了，今晚还有时间，我再给你讲几个好用的演讲结构，在霸占舞台过程中内化成自己的技能，可否？”

“可！”

“嗨，你还挺惜字如金的。”

“您问我‘可否’，我当然回答‘可’咯，难道您要我说，启禀陛下，臣觉尚可，吾皇英明，吾皇万岁万岁万万岁？”

“我的意思是，今天晚上我讲的话比你讲得多好几倍！”

“陛下，您到底想怎样？”王闯搞不清楚子涵的葫芦里卖的是什么药。

“我觉得，黄浦江的水一定特别好喝。”

“陛下，臣立刻去取！”

王闯终于参悟到，原来“可”字让子涵感觉到口“渴”了，于是马上离座，买水去了。

忘着王闯离开的背影，子涵拿出手机。

“妈，我现在跟朋友谈事情，要稍晚一点到家哦，您别担心。”

“好，你是跟昆昆在一起吗？”

“不是，妈，您别老提他了。”

“涵涵，过去的事都已经过去了，你年纪也不小了，昆昆这孩子多好啊，你看……”

“妈，我们得继续谈事情了，先不跟您说了哦。”

子涵从小到大一直非常听妈妈的话，可当妈妈提到柴昆昆时，她总是会本能地打断。但妈妈终归是妈妈，她不想让妈妈难过。如果没有那场车祸，就不会有现在的忧虑，如果……子涵默默地凝望着滔滔江水，青丝舞动，思绪万千。

“黄浦江的水捞不上来，您委屈点喝口这个矿泉水行不？”

买水回来的王闯打断了子涵的思绪。

子涵赶紧擦掉眼角的泪花，这个动作被王闯敏锐地捕捉到了。

“你看你，我只是去买瓶水而已嘛，你就哭成这样，搞得我都不好意思了。”

王闯开了个玩笑，他不知道刚才发生了什么事，但他知道子涵有心事，自己应该做的是让她赶紧开心起来。

“都怪你去了那么久，渴得我眼泪都出来了。”

“我错了，都是我的错。您一定要惩罚我，否则我无法原谅我自己！”

“好，讲个笑话，让我笑出来！立刻！马上！”

“我有一个朋友去银行取定期，在窗口对柜员说：‘你好，我死期到了！’”

“哈哈哈，这个笑话不错。”

这个笑话是王闯今天刚在朋友圈里看到的，马上记录了下来，万万没想到当晚就派上了用场，积累素材果然给力啊！

“既然你开心，那我讲一送一，再来一个，可否？”

“可！”

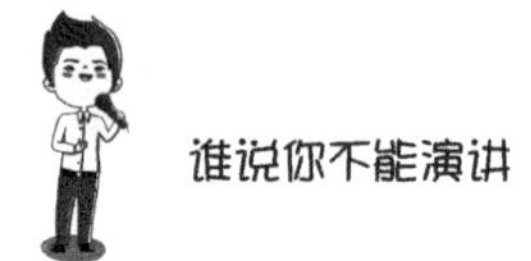

“搞得我也有点渴了。我有个同事，怀孕 9 个月了，宝宝在肚子里总是拱来拱去，肚皮上时不时地出现个小鼓包。她老公看到后极为兴奋地对她说，我们来玩砸地鼠吧！”

“哈哈哈哈，太逗了。看在这两个笑话的份上，我就勉强原谅你了，咱开始进入正题吧！”

“好嘞！”

看到子涵重新露出灿烂的笑容，王闯好开心。

“咱们抓紧时间，我给你介绍 **3 个逻辑方法**——

①首字母提炼法

我曾经做了个演讲，主题是 4C，Contest（参加比赛）、Challenge（迎接挑战）、Conference（参加峰会）、Commitment（激发责任感）。四个首字母组成了 4C，整体结构是总、4C、总，非常简单好用。

②拆字法

拆字法是拆中文字。举个例子，钛度科技 CEO 李晓峰的发布会演讲结构称为：机情四射，机是机器的机，用了个双关首法。发布会分为四个部分，机、情、四、射，分别代表开发新机器的故事、情怀、四款新品的亮相以及合作伙伴辐射。这就是拆字法的应用。

③提问法

同程网 CEO 吴志祥在参加《赢在中国》比赛时，做了一个非常精彩的演讲，通过四个问题层层递进，四个问题是：为什么能赚钱？能赚多少钱？为什么是我们？能赚多长时间？每个问题提出后，他就用精炼的语言进行解答。这四个问题正好是台下投资人最关心的，最终，吴志祥成功拿到了投资。”

“真是精彩啊！”

“王闯我考考你，不看笔记，今晚我都给你讲了哪些内容？”

“学练评赛、还有字母……别告诉我，我肯定记得……”

“您刚多大啊，就记忆力衰退了！”

王闯着实感到尴尬。

“Mentor 啊，能不能再教教我提高记忆力的方法？我现在的记性实在够呛。估计到时演讲内容也很难记牢，那就悲催了。”

“好吧，我来教你一种全新的记忆方式。”

“太好了，是什么样的记忆方式呢？”

第 14 章

绘声绘色

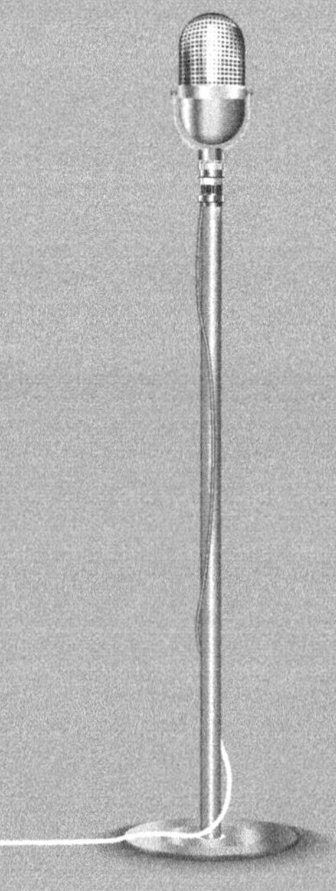

这种记忆方式叫视觉思维。照着演讲稿做演讲，那是书面化演讲，像是背诵。观众喜欢听能在脑海中形成画面的演讲，除了使用5大感觉之外，你还需要先在自己的脑海中形成画面，这就是视觉思维。视觉思维对于提高记忆以及做好演讲极为重要。”

“我也有视觉思维吗？”

“每个人都有视觉思维。我来给你做个测试，比如我跟你说‘满汉全席’，你想到的是什么？”

“那是一个金碧辉煌的宴会厅，桌上摆满了各式各样的山珍海味，有蒸羊羔、蒸熊掌、蒸鹿尾、烧花鸭、烧雏鸡、烧子鹅……我坐在正中央的位置，身边站满了三宫六院七十二嫔妃，离我最近的那个，是……”

王闯已经沉浸在了视觉思维中，在“你”字即将脱口时被子涵果断叫停。

“你的视觉思维很强大嘛，如果把它用到正经地方，一定会别有一番成就！”

“那，那，为什么视觉思维这么厉害呢？”

王闯羞愧难当，赶紧通过提问打破尴尬。

“我们的左脑掌管语言、文字、数字、分析、逻辑推理等理性思维；右脑掌管图形图像、艺术、直觉等感性思维。视觉思维就是右脑思维，右脑的记忆速度是左脑的100倍，记忆储存量是左脑的100万倍。”

“右脑真是强大啊！”

“想不想玩个记忆游戏？”

“好啊，怎么玩？”

“上海地铁1号线，从莘庄到富锦路，你能按顺序一个一个说出来吗？”

“你开玩笑呢吧？将近30个站点，怎么可能记得下来。”

“上海地铁 1 号线一共 28 个站点，用传统记忆方式确实很难记下来，不过我们有视觉思维！”

“要是真有这么神奇，我今晚就把上海所有地铁站名都记牢，这可是值得炫耀的本事啊。”

“你的视觉思维终于可以用在正道上了，可喜可贺！”

“您就别拿我开涮了，赶紧开始吧。”

“玩这个游戏需要两个人配合好，其中一个人把眼睛闭上，另一个人负责描述。”

“明白！”

“现在，请你慢慢闭上眼睛，想象：

你的面前有一颗怦怦跳动的红心（莘），莘庄到了；

红心的底部挂了一只亮闪闪的硕大耳环（环），外环路到了；

耳环的下面吊着一朵含苞待放的莲花，莲花路到了；

莲花有好多好多，一直蔓延到了锦江乐园，锦江乐园到了；

在锦江乐园门口，站着一位上海男（上海南），上海南站到了；

上海男在上淘宝网（宝），漕宝路到了；

淘宝网正在搞体育用品大促销（体育），上海体育馆到了；

上海体育馆是徐志摩和家人聚会的地方（徐家，会），徐家汇到了；

徐志摩聚会结束后辗转到衡山路泡吧，衡山路到了；

衡山路酒吧今天推出特色菜：全熟牛排（熟），常熟路到了；

全熟牛排被一名陕西男服务员端上来（陕西男），陕西南路到了；

陕西男的皮肤像黄土高原的土一样黄（黄皮肤）！黄陂南路到了；

黄皮肤中国人最好的相亲场所是人民公园（人民），人民广场到了；

人民公园是个盛产新娘的地方（新），新闻路到了；

新娘是位武汉姑娘（汉），汉中路到了；

从汉中坐火车回上海（火车，上海），上海火车站到了；

火车上有位名人，叫孙中山（中山），中山北路到了；

因为有孙中山在，这趟列车的车厢多延长了几节（延长），延长路到了；

延长的几节车厢装满了表演马戏的动物（马戏），上海马戏城到了；

演马戏的动物最讨厌蚊子、最喜欢喝水（汶、水），汶水路到了；

汶水路是被彭德怀修建起来的（彭），彭浦新村到了；

彭德怀最大的愿望是身体健康（康），共康路到了；

想健康的话，需要一条通过全村的河（通、村、河），通河新村到了；

通河新村的村长叫刘胡兰（呼兰），呼兰路到了；

刘胡兰的施政纲领是：实现共同富裕（共富），共富新村到了；

为了实现共同富裕，需要村民少生宝宝多修路（宝、路），宝安公路到了；

修宝安公路的过程中，村民们产生了深深的友谊（友谊），友谊西路到了；

友谊万岁，前程似锦（锦），终点站，富锦路到了。”

“怎么样？产生画面了吗？”

“画面倒是有了，怎么徐志摩、孙中山、彭德怀、刘胡兰都出来了？”

“我尽量挑一些能对视觉产生刺激的信息，大脑是需要刺激的，刺激越大，记忆就越深。怎么样？能记住多少？”

“从一颗心开始……我想到了彭德怀的彭浦新村，搞不清楚下一个是共康路还是共富新村了。”

“这两个名字是容易记乱，你可以单独记一下，彭德怀希望身体健康，刘胡兰的政策是实现共同富裕。”

“好，我继续……富锦路到了！画面全部连起来了，可能中间有记错的或者漏记的，但这已经足够让我震撼了！”

“视觉思维就是这么神奇！一般情况下，大脑一次性只能记住 5 至 9 个信息单元，而采用这种视觉思维记忆法就能轻松打破局限，记得既多、又快、还牢！”

“我以前一直觉得 YY（意淫）有罪，没想到它还有如此神奇的作用。”

“同样的能力用到不同的地方，结果完全两样。另外，请不要用 YY 来描述视觉思维。”

“好，好，我爱我右脑！”

“你已经知道了右脑视觉思维的强大，那就把它用到演讲中吧。准备演讲时，列好提纲，在脑海中想象演讲时的画面，想象你演讲的场地，想象下面的观众都有谁，想象你说到每一句话时观众的反应。这样准备演讲不仅不用担心忘词，还能让观众产生画面感，也就是绘声绘色。”

第 15 章

饕餮盛宴

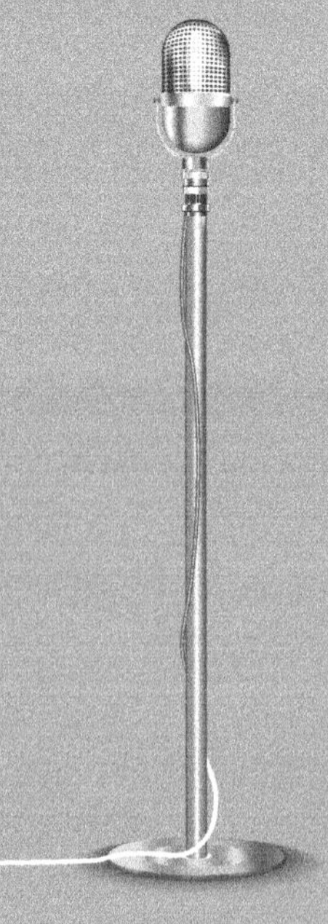

“可是，我的大脑有时就像盘古开天辟地伊始，一片混沌……”

“很多人都会遇到这个问题。我再教你一个非常实用的工具：思维导图。”

“思维导图？”

“是的，思维导图是由英国教育学家东尼·博赞发明的。它可以让我们在利用右脑的视觉思维时，同时利用左脑的逻辑性，这时的大脑就相当于双核的 CPU，性能大幅提升。”

子涵从包里拿出纸和笔。

“思维导图的特点是从原点开始向四周延伸。就像一棵大树，树干是原点，然后延伸到树枝和树叶。”

“我已经想象出了这个画面。”

“我给你画一幅思维导图出来吧，不过，画思维导图最好使用不同颜色的笔，我今天没有准备，效果可能会打一点折扣。”

“没问题，我用视觉思维给它上色。”

“上个月我回母校给学弟学妹们做过一次演讲。”

子涵在纸的中央画了 4 个小人，其中 1 个小人面对另外 3 个。

“这张图表明你要给大学生做分享？”

“没错，思维导图里要尽量多用图像。”

接着，子涵从原点处画出一条弯

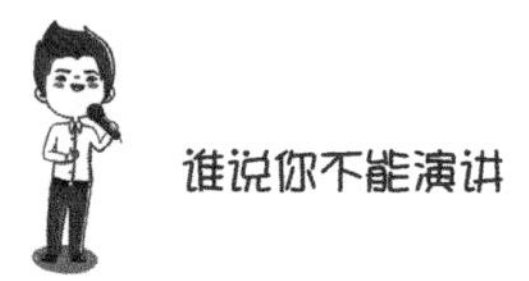

曲的线，线的末端画了个一箭穿心，后面跟着一个闪电符号。

“你的意思是大学生谈恋爱会被雷劈死？”王闯摇头表示不敢苟同。

“你理解错了，我的意思是鼓励大学生谈一场轰轰烈烈的恋爱。”

“这个我赞成！”

子涵在一箭穿心的后面又延伸出四条曲线，分别连接一颗水晶、人民币符号、精子与卵子符号以及结婚证。

“你的意思是男生要想追求到女生，需要花费很多钱来购买水晶，追到手后千万要避免怀孕，否则就只能奉子成婚了。我分析的对吗？”

“你……我想表达的意思是，大学生的爱情没有受到社会的污浊，像水晶一般纯净；大

学生谈恋爱的物质成本比在社会上要低得多；精子和卵子符号表示相恋的情侣可以在生活中相互协助；结婚证是指大学生情侣修成正果的概率比参加婚恋节目的成功率要高得多。你，明白了吗？”

“我真是太邪恶了！”

“这也表明每个人的思维方式各有不同，自己画的思维导图自己明白就好。”

子涵在原点处另起一条曲线，曲线尽头是一颗完整的心，心后面的三条曲线一条连接 A+ 符号、一条连接音乐符号、一条连接几个小人儿。

“这个我是完全看不懂了，请您不吝赐教。”

“这是第二部分的内容，我想鼓励大家在学校用心做好每一件事，A+ 代表学习、音乐符号代表参加社团活动、小人儿代表结交朋友。”

“嗯，明白了。”

子涵开始画连接原点的第三条曲线，末端又是一颗完整的心，这颗心连接一个太阳、一个公文包和一个麦克风。

“我在第三部分会鼓励大学生们提前社会化。太阳表示积极参与暑期社会实践活动，公文包的意思是参与公司实习，麦克风代表参加类似头马一样的俱乐部活动。”

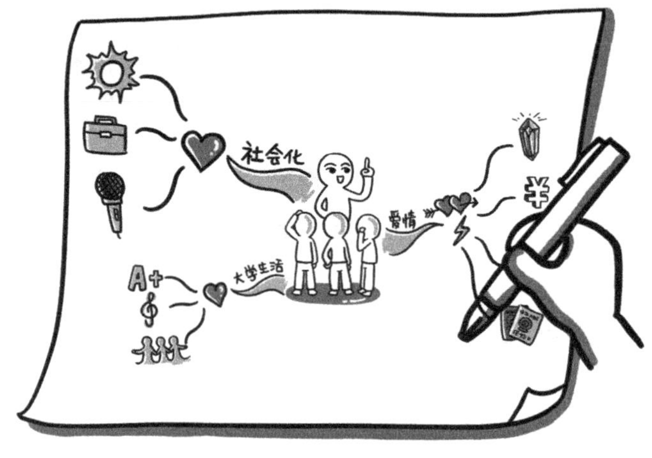

“嗯，三颗心代表三大主题，很清晰！”

“你准备演讲时不妨试着画一下思维导图，可以像我一样在纸上画，也可以用 iMindMap 这个 App 画。画思维导图的过程中，你就可以渐渐理清演讲的脉络。”

王闯看着子涵笔下的思维导图，不禁啧啧赞叹。

“Good,Very Good,Very Very Good.”

王闯想用几个形容词来形容视觉思维的好，结果发现只会“Very”和“Good”。

“你不会只知道这一个形容词吧？”

“……是的。”

“没关系，你已经学会了视觉思维。”

“你的意思是使用视觉思维背单词？”

“是的，我给你举个例子，比如 Chill 这个词，你可以把它拆成 C+Hill，C 就像一轮弯月，Hill 代表小山，想象一下这个画面：在幽邃的山谷上空，挂着一轮弯弯的月牙。”

“这个画面有点冷飕飕的感觉。”

“是的，你一下子就记住了它是‘寒气、寒冷’的意思。”

“太妙了！我也想到了一个词：Tent（帐篷）。它的发音很像‘忐忑’，我能想象到，在深山老林露营时看到了一顶帐篷，你一个人在帐篷里，我到底要不要过去？这令我无比忐忑（Tent）。”

“我除非是疯了才会一个人跑到深山老林里去搭帐篷，不过你对视觉思维的掌握还是非常值得肯定的！”

看见接踵离座的顾客，两人才意识到已经聊了很久。

“怎么样？今天有收获吗？”

“岂止是有啊，简直是吃了一顿演讲的饕餮盛宴！遗憾的是，我增肥了。”

“哦？”

“我的右脑受到了前所未有的刺激，开始生成大量的脑细胞，脑细胞密度增大，根据物理公式：重量=体积*密度，可以推算出我的大脑重量增加了。”

“这是好事啊。不过你知道吗？准备演讲和做演讲的过程所减轻的体重远远大于脑细胞增加的重量，因此，演讲是可以减肥的。”

“啊？为什么呢？”

“准备演讲和做演讲的过程是辛苦并令人亢奋的，这个过程会消耗掉身体大量的能量。我曾经在一个月内做了 10 个演讲，体重减轻了 1 公斤，也就是平均每个演讲减掉 100 克，可以说，演讲做得越多，体重减得也就越多。”

“原来演讲还有如此好处，领教了！”

“你回去把今天给你的建议执行起来吧，记住，想要把技能变成自己的，关键是，霸占舞台！”

“好，我回去后就把今天所有的知识点用思维导图整理出来，然后开始霸占舞台！”

第 16 章

曾经沧海

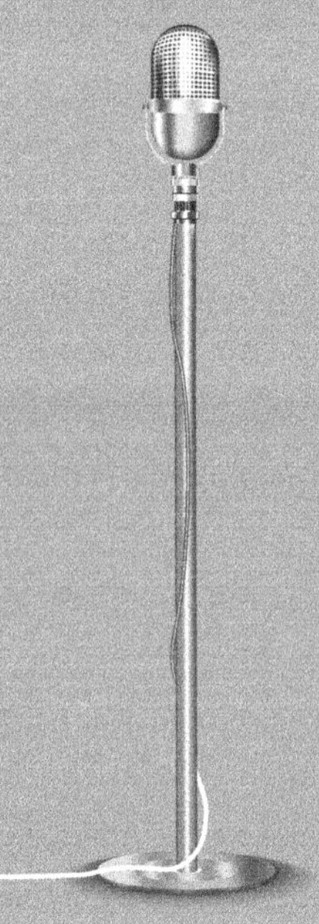

王闯和子涵漫步在通向地铁站的路上，路旁坐落着正在施工的大厦，周围弥漫着污浊的空气。走到十字路口时，红灯刚好赶跑了绿灯，两人停下脚步，身旁站着个烤红薯的炉子。

以前的王闯总是抱怨这该死的施工，把现代化的城市变得乌烟瘴气，现在，他眼里看到的是这个城市蓬勃的朝气；以前总是抱怨碰上这倒霉的红灯，觉得运气太差，现在，他感谢红灯让他停下脚步，静静欣赏这夜色的美丽；以前总是看不起路边摆摊的小贩，觉得他们玷污了洁净的城市，现在，他却对小贩们产生了敬意，在这个城市生活，各有各的不易。这些改变，一部分源于身边的子涵，更多的，是源于他自己心态上的改变。

“子涵，你知道为什么在上海看不到星星吗？”

“为什么呢？”

“因为有个人掩盖了星星的光芒。”王闯试着说甜言蜜语。

“那这个人怎么盖不住太阳的光芒呢？你看这天气，一年比一年热了。”

子涵听出了王闯的意图，故意刁难他。

“这，这，天气热是因为厄尔尼诺现象、大气环流、温室效应、热岛效应。”

“我要是你，我就说全球变暖是由这个人散发的光芒和太阳光相互作用而产生的。亲，这还用我教啊？”

王闯无地自容，他恨自己搬起个石头结果把自己的脚给砸了，恨不得再搬起个石头把自己的脑袋也给砸了算了。

二人走进地铁站，子涵对王闯说，“你知道吗？与陌生人搭讪也是可以提升演讲能力的哦，你要不要试试？”

子涵话音刚落，王闯的心跳就开始加速、手脚开始降温、大脑出现间歇性空白。

“王闯啊王闯，跟陌生人搭个讪你都紧张，还做什么演讲啊！快去挑战自己！”王闯在心里给自己鼓劲。

王闯和子涵背的都是单肩包，因此不需要安检。走在安检仪一侧时，王闯鼓起勇气，将头转向旁边的安检工作人员：“你叫什么名字？”

工作人员被问傻了，不知道眼前这位尤物是哪路妖怪，是领导微服私访？气场不像；同性恋？气质不像；神经病？八成是！他立刻把王闯拦了下来，武力给王闯的单肩包进行安检！

子涵在一旁放声大笑，笑的是王闯身上的那股傻劲儿。

“王闯我问你，当你突然被一个陌生的傻瓜问起姓名，你会有什么感觉？”

“我感觉遇到神经病了。”

王闯回答完就后悔了。子涵这是在间接骂我傻呢，我竟然默认了自己的傻，还骂自己是神经病，看来我还真是个傻神经病啊！王闯在心里叫苦不迭。

“我以前有通过搭讪来锻炼心理舒适区和临场反应能力的经历，成功率还挺高的，可能是因为人们对女孩子的防备心理不高吧。”

“是啊，男人的十大梦想之一就是被美女主动搭讪！”

“那其他九大梦想呢？”

“继续被其他九位美女搭讪呗。”

“越来越贫了你！其实你只要表现出足够的真诚和自信，搭讪不难。给你个建议：找准切入点！看我的。”

子涵走到一位正在看财经报纸的男士旁边。

“今天的大盘不太好啊。”

“是啊，暴跌了。还好我抛得及时，不然损失就大了。”

“请问您是怎么判断出大盘要跌的呢？”

“很简单啊，从 K 线上看，大盘受 20 日均线和 10 日均线共同压制，这轮反弹较高，解套盘和获利盘的抛压很大，大盘有调整的需求，政策上……”

子涵知道很多股民都是事后股神，承认自己亏钱的比真正赚到钱的股民还要少，但依然耐心地听他讲完。

“您太厉害了，不像我，一直被套牢。您能多跟我分享一些炒股经验吗？”

“可以啊，不过我下站就要下了。”

“那您能给我留个联系方式吗？以后有机会再请教您。”

“好啊，这是我的名片。大盘在后面几天还有调整要求，尽量减仓吧，再见啊。”

“再见。”

“你这个切入点确实高明啊。”

王闯虽然对子涵的成功搭讪不以为然，却很佩服她能通过对方手里的报纸判断出他的股民身份，然后以股票为切入点进行搭讪，又通过赞赏让对方获得强大的心理满足感，自然轻松要到了联系方式。

王闯做了五次深呼吸，跃跃欲试。

所谓无巧不成书，就在王闯苦苦寻觅搭讪对象时，地铁红人出现了。

“大家好，我是百度贴吧胖老师，肥胖的胖……Yeah!”

胖老师的贯口吸引了整个车厢的目光，很好地排解了乘客的寂寞。正值他讲完收工之际，王闯拦住了胖老师。

“胖老师，您是我的偶像啊！”

“谢谢。”

“听说您以前是教英语的？”

“没错，我还可以用英语讲一遍。”

还没等王闯表态要不要听……

“Ladies and Gentlemen, My name is Mr Fat…Yeah！”

“您太厉害了，可以给我您的联系方式吗？”

“去百度贴吧找我。”

说罢，胖老师像风一样消失在人群之中。

“幻觉、这都是幻觉，我刚才有跟搭讪界奇葩胖老师对话吗？”

王闯受宠若惊。

“恭喜啊，要到你偶像的联系方式了，搭讪成功！”

“可是他的姓名和联系方式大家都知道啊？”

“他刚刚是面对着你说的，这就算成功了。”

“好吧，成功的开始是成功的一半，Yeah!”

“嗯，再接再厉！元稹有句诗——‘曾经沧海难为水，除却巫山不是云。’字面意思是，当你看到波澜壮阔的大海和云雾缭绕的巫山后，其他的水啊、云啊就都不值一提了。”

“我刚出道就能单挑地铁搭讪鼻祖胖老师，其他的搭讪又算得了什么呢？”

“哈哈！今天的搭讪任务圆满成功，你继续努力吧。我到站了。”

“我送送你吧，你一个人我不放心。”

“好啊。”

地铁口飘荡着一股沁人心脾的花香，是玉兰花的味道。子涵停下脚步，闭上眼睛，深深地呼吸，欲把玉兰花释放出的香气通通吸入体内。花香越来越浓，子涵彻底陶醉了，当她缓缓地睁开双眼时，眼前映入了一大束玉兰花，透过花的缝隙，王闯阳光般的笑脸若隐若现。

“我把老奶奶手里的玉兰花都买下来了，送给你。”

“啊？你疯了吧？”

虽然被子涵骂，但王闯能感觉到，子涵非常开心。

“王闯，谢谢你！你知道吗，小时候我每次哭起来，外婆就会送我玉兰花，不管我为什么哭，哭得多么伤心，只要闻到玉兰花香，我马上就不哭了，后来玉兰花就成了我们家开心的象征。”

“呵呵，你开心就好！”

王闯的开心程度远甚于子涵，这算是他送给子涵的第一份礼物，没想到如此具有历史意义！

两人并肩走在回家的路上，和上次不同的是，路灯闪耀着璀璨的光。他们今晚说了好多话，可能正是这个原因，现在一句话也说不出来，只是安静地走着。有时候，平静的湖面下往往暗流涌动，正如此刻的王闯。王闯面无表情，体内的荷尔蒙却在蠢蠢欲动，他的左手开始有点不听使唤，亦或者，那只手正在被中枢神经指派一个任务：去触碰子涵的右手。头顶上的路灯羞涩地注视着下面发生的一切，只见，王闯的左手开始向旁边慢慢游移，离目标越来越近，虽然手与手之间的实际距离不超过10cm，但王闯却感觉它们有10万光年之遥。王闯的心跳越来越快，马上就要碰到目标了，突然，他感觉自己的汗毛率先触碰到了子涵的手，尚未被荷尔蒙完全控制的中枢神经立刻给出了撤退的命令，王闯也迅速清醒了过来，再也不敢尝试第二次了。子涵并没有感觉到自己的手被王闯碰到，却从路灯投下的影子中真真切切地看到了整个过程。

子涵笑了，笑他的纯真，笑他的羞涩，但她还不能同他一起捅破两人中间那层朦胧的纱，她，还放不下。

把子涵送到小区门口后，王闯一个人回家了。

躺在床上的王闯通过视觉思维，像放电影一样回想子涵交给自己的演讲技巧，他想到了学练评赛、想到了 3 个逻辑方法——首字母提炼法、拆字法、提问法，还想到了思维导图，真是无比充实的夜晚啊！他开始期待接下来的团队建设……

第 17 章

涅槃重生

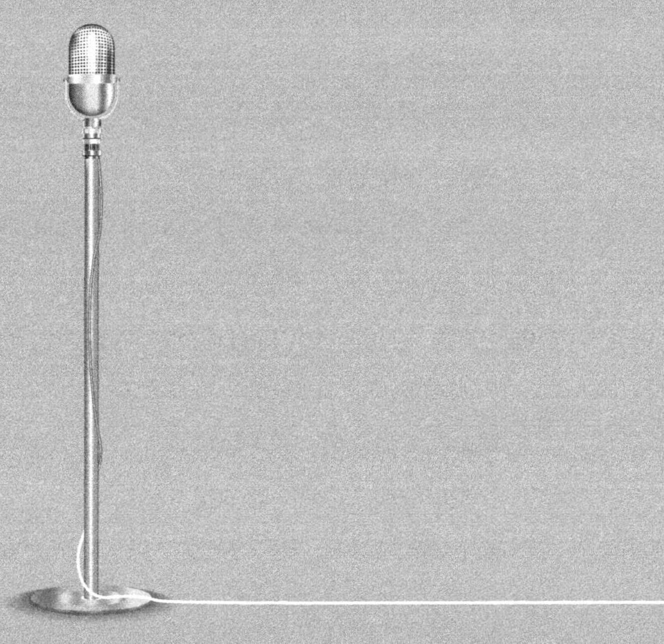

这是王闯第一次在周末参加公司组织的团队建设。

“同事们，车子已经驶入前往苏州的高速公路上。”

活动组织者 Linda 打破了车内的沉默，开始带领大家玩起成语接龙游戏。

“请注意规则，第一个成语以‘一’开头，下一个成语接前一个成语的尾字，可以不同字，只要拼音字母相同即可。”

“一丝不挂”第一位同事口味有点重。

“刮目相看。”

“看破红尘。”王闯第三个接龙。

“沉着冷静。”

“静观其变。”

“鞭长莫及。”

“急急火火。”

“火急火燎。”

……

最后一个接的是“没完没了”。

当大家都以为这个游戏过于简单时，Linda 改弦更张，要求大家用自己刚刚所讲的成语造个句，句式已经定好了，“洞房花烛夜，我 XXXX”，“XXXX”为每人之前所讲的成语。Linda 要求每人必须大声讲出这句话，不论男女老少！

听完此规则后，大家纷纷冷汗直流。

重口味不负众望，率先登场。

“洞房花烛夜，我一丝不挂，Yeah！”

如法国作家古斯塔夫 · 勒庞在其《乌合之众》一书中所述，在一个团体当中，每个人都会受团体氛围所影响，比如在一个氛围开放的团体中，矜持的小姑娘也会变得开放起来。重口味让车内同事的开放程度一下子从 60 年代的中国跨越到了 21 世纪的荷兰。

“洞房花烛夜，我刮目相看。”

“洞房花烛夜，我看破红尘。”大家一阵狂笑。

王闯有点恨自己接了这么一个不靠谱的成语。

“洞房花烛夜，我沉着冷静。”

“洞房花烛夜，我静观其变。”

“洞房花烛夜，我鞭长莫及。”又是一阵狂笑。

“洞房花烛夜，我急急火火。”

“洞房花烛夜，我火急火燎。”

……

“洞房花烛夜，我没完没了。”

在起哄和狂笑声中，这一轮游戏圆满结束，有的人甚至笑出了眼泪，这也印证了一个观点：每个人的心里都有一抹小猥琐。

“大家玩得开心吗？”Linda 问，

“开心！”众人答。

“要不要更 High 一点？”

“越 High 越好！”重口味激情澎湃！

“好，那我们就再来一轮成语接龙，句式我先提前告诉大家：王闯的洞房花烛夜，我 XXXX。”

众人欢呼雀跃！

“啊？为什么是我啊？”王闯委屈地求解释。

“你是第一次参加我们的团队建设，组织决定对你特别关照，你难道不满意吗？”

还没等王闯回答，Linda 已经开始了游戏。

“这一次我们就从越 High 越好的‘好’字开始接吧，咱们反着来。”

“好自为之。”

“知难而退。”

“退避三舍。”

“舍己为人。”

“人人有责。”

“啧啧称奇。”

“王闯，到你了？”

“奇耻大辱。”王闯尴尬地回答。

“入木三分。”

“分外眼红。”重口味最后一个接。

“好，下面，请各位以更大的声音读出你的心声！”Linda 一边说一边笑。

“王闯的洞房花烛夜，我好自为之。”

“王闯的洞房花烛夜，我知难而退。”

“王闯的洞房花烛夜，我退避三舍。”

前三个句子还算识相，可后面这几个……

“王闯的洞房花烛夜，我舍己为人。”好吧，英雄！

“王闯的洞房花烛夜，我人人有责。”您什么意思？

“王闯的洞房花烛夜，我啧啧称奇。”您是看到什么了？

下一个，是王闯。

“我的洞房花烛夜，我奇耻大辱。”众人喷饭，纷纷为王闯鼓起掌来。

“王闯的洞房花烛夜，我入木三分。”这比“啧啧称奇”大哥看得还要真切。

“王闯的洞房花烛夜，我分外眼红。”行了大哥，您洞房花烛那会儿人家王闯还读小学呢。

成语接龙游戏让王闯跟同事们迅速熟悉起来，为接下来的团队建设开了个好头。

在为期两天的活动中，令王闯印象最为深刻的是当晚的篝火晚会。

篝火晚会的气氛一下子凝重到了极点，跟上午车内的气氛相比简直是冰火两重天。Linda 召集大家围绕着篝火坐成一圈，神情严肃地介绍游戏规则。

“这个游戏名叫‘挖缺’。每一个人轮流坐在篝火旁边，其他人要做的，是客观属实地说出篝火旁边这位同事的缺点，说得要狠，甚至可以破口大骂，而被骂的人无论多难受也不可以反驳。每轮 3 分钟，这台摄像机会把发生的一切都记录下来。”

Linda 的介绍让人毛骨悚然，这可是把自己的缺点甚至是丑陋的一面暴露给大庭广众啊，王闯有点后悔来参加这次团队建设了，但现在，牙疼、屁股疼，甚至头发疼都无济于事了。

“从我先开始！”

Linda 义薄云天，很有领袖风范。

刚开始时，大家纷纷嘴下留情，尽说些鸡蛋里挑骨头的事，Linda 怒斥:“我不要跟伪君子们做同事，你们照准了说，说得越狠越好，这是为我好！”

于是大家再也不留情面，对每一个篝火旁的人进行无情的谴责，外面说的人越来越过瘾，里面的人越听越想自杀。

轮到王闯时，他的心虽已狂跳不止，但心态已调整好，他相信这个游戏一定会让他受益匪浅。王闯惴惴不安地走到篝火旁，坐定，准备迎接狂风骤雨般的指责。

“我就从来没有见过这么自闭的人，做同事这么久了，跟他说过的话没超过三句；每次活动都说有病不来，你以为我们不知道你在装吗？你在公司的成绩也就是及格线，还一点不求上进，我要是你老板，肯定不会给你升职加薪；最近一段时间表现还算不错，不知道能坚持多久……”

同事们没有嘴下留情，但王闯知道，他们说得很真实。王闯的伤疤被狠狠地揭开，正淌着血，但淌出来的，是毒血，留下的，是新鲜活力的血液！

Linda 给大家时间重看录像，要求大家把同事对自己的不满统统记录在一张白纸上，然后像犯人一样将这张纸放在胸前，拍照留念。

这个游戏看似冷酷无情，但实际上会让参与者有一种涅槃重生的感觉，可以帮助团队成员发现自身问题并改进。

痛并快乐的团队建设结束了，大家带着舒畅的心情一起回到上海。王闯非常庆幸参加了这次活动，他发现，生活正变得越来越精彩。

第 18 章

洋腔洋调

从苏州回来后，王闯并没有直接回家，而是直奔黄浦江边的滨江大道，这一个月以来他和子涵都很忙，两人碰面的频率很低。

“子涵，我已经到江边了。”

“好的，我马上就到了。”

刚挂电话不久，王闯就看到了他期盼已久的人，在她映入眼帘的一瞬，王闯的整颗心都醉了，沉鱼落雁？闭月羞花？倾国倾城？王闯觉得，把所有形容美的词加起来，再来个 10 次方，才能形容出子涵的美。

“王闯，你看起来挺疲惫的。”

子涵的话让王闯沉醉的心醒了过来。

“一不小心被你看出来了。”

“你得注意休息了，别让自己太累。”

“谢谢子涵，经常太累确实对身体不好：一是记忆力会越来越差；二是数数会经常数错；四是记忆力会越来越差……”

王闯试着用备忘录中的笑话打开话匣子。

“呦，原来你还会讲高智商的冷笑话啊。”

“那当然了，认识你之后，我感觉我的智商扶摇直上、直冲云霄！”

“哈哈，那我出个题考考你：ABBAAABBBBABAB，打一句话。”

王闯傻了，A 啊 B 的，什么啊这是。

“我很疲惫，脑子很累，想了半天，真的不会。”

“都出口成诗了，智商确实不低呢！答案是 Long time no see.”

说罢，子涵沿着江边漫步向前，王闯伴着子涵爽朗的笑声回过神来，原来只有 A 和 B 就叫 Long time No “C” 啊！一阵江风吹来，王闯感觉浑身奇冷无比，一个箭步追了上去。

子涵心情很好，她找到一片草地，在俯身坐下的过程中，王闯以迅雷不及掩耳之势完成了三个动作：脱下外套、叠好、丢上草地，一气呵成，子涵刚好坐在了王闯的外套上。

“哎呀，会把你衣服弄脏的。”

“没关系，衣服脏了可以洗，你着凉就不好了。”

“那行，为表感谢，这件衣服我帮你洗吧。”

子涵没给王闯接话的机会，马上说：“你约我出来不是要请教些英语演讲的问题吗？”

“哦，我的英语口语是深受应试教育毒害啊，你说我该怎么办呢？”

“我问你，如果把你丢到纽约去，一年后你能不能说出一口流利的英语？”

“当然没问题。”

“为什么？”

“因为我为了生存每天都要讲英语啊。”

“没错，当你每天处在一个纯英语环境中时，自然而然就能讲好了。”

“可是我不想去纽约，也就没有这样的条件咯。”

“毛主席说过，没有条件，我们就创造条件！”

“比如呢？”

“比如，你赶紧去找个美国女朋友，见效最快。”

“能换一个比如吗？这个……”

子涵呵呵一笑，赶忙说：“你可以尽可能多地让自己处在纯英文的环境中，回家打开电视，一定是英文频道；在家看电影或美剧，一定是纯英语配英文字幕；读书看报，一定是英文原版。”

“好，这些我都能做到！可以给我推荐一些节目吗？”

“电视可以锁定在央视新闻频道，电影或美剧我建议你从简单地看起，比如《阿甘正传》和《老友记》，报纸可以看 *Shanghai Daily* 和 *CHINA DAILY*, 书我推荐你先读一本拿破仑希尔的 *Think and Grow Rich*（《思考致富》），另外我建议你准备个单词本，在你输入的过程中如果发现新的单词和短语，马上记下，然后找机会使用，也就是输出。记住，不管学习什么知识，一定要想办法去输出，只有输出，才能真正掌握输入的知识。”

“好，我都记下了。你觉得我的英语发音好听吗？”

“这个……提高口语确实需要脸皮厚，你能问出这样的问题说明你的脸皮绝对够厚了，我希望你还可以进一步做到坚持、不要脸、坚持不要脸！”

王闯听不出子涵是在夸自己还是在损自己，没事，咱心态好。

“多谢夸奖，那个，你还没回答我的英文发音好不好听呢？”

“你真想让我说实话啊！好吧，我听过你在头马做的几个英文演讲，可以看出英文功底还不错，只是发音过于有个性，带有浓郁的地方特色，有股你们天津的狗不理包子味儿。”

“嗯，比飞姐的猪肉炖粉条味儿强。那，我的发音还能改好吗？”

“当然能！在头马，几个月内练出标准美音的会员大有人在。他们的方法是通过模仿来纠正发音，比如模仿《老友记》第一季的第一集，演员们的发音很夸张，不要紧，尽情地去模仿。每一集模仿五遍，不出几集，你的发音就能纠正过来了。”

“很赞的方法哦！”

“还有，我建议你多听听爵士乐，英语发音应该像跳动的音符一样悦耳动听，跟着旋律找感觉，你的发音一样可以美妙至极。”

“给英语发音赋予旋律，太美妙了！”

“另外，没事时多跟外国同事聊聊天，下班后来头马做个英文演讲，也可以去新天地的酒吧找外国人聊天！”

“嗯，我争取不要脸地在陌生人群中讲英语，保证把围观者们惊得目瞪口呆。”

“哈哈，别说我认识你就行。”

“放心吧！你不认识我可以，但我一定认识你，做鬼也不会放过你的，哈哈。”

“别别，我给你烧纸还不行吗？”

“给我烧纸？难道你想做我的家属？”

“别贫了你。你只要按照我的方法每天坚持做，口语很快就能提高上去。”

这是王闯第一次，在嘴仗上赢了子涵，还占了个大便宜，这令他无比激动。

“那，怎样才能坚持下去呢？”

“很简单，你可以把钻戒扔过栅栏：比如，1. 报名高级口译考试；2. 报名头马英文演讲比赛。做到这两点，就很容易坚持下去了。”

王闯理解子涵的意思，报名高级口译需要报名费，考不好的话既浪费钱、又丢人；英文演讲比赛如果表现不好，同样丢人。这就意味着在考试和比赛之前自己会有足够的动力来加强练习。妙！

两人热火朝天地聊着，子涵看到一对外国情侣走了过来，随即起身：“Welcome to Shanghai!（欢迎来到上海！）”

两位国际友人在异国他乡遇到如此热情的中国女孩儿，立刻兴奋起来！

“Thank you!（非常感谢！）”

“Where are you from?（你们来自哪里呢？）”

“New York . Have you been there?（我们来自纽约，你去过纽约吗？）”

“Not Yet. My friend is pretty interested in New York, and he wanna talk with you, do you have time?（我还没去过，不过我朋友对纽约非常感兴趣，他想和你们聊聊，请问你们有时间吗？）”

“Sure.（没问题。）”

对话听到这里，王闯有种不祥的预感。果然，子涵把头转向了他。

“你撞大运了啊，刚说完没有纽约的语言环境，环境就主动来了。接下来就交给你了哦。”

这哪里是主动来的啊。王闯已无退路，只好用标准的狗不理包子味儿英语跟两位美国人聊了起来……

王闯没想到两位国际友人如此“理解”自己，竟然可以听懂他说的每一句话，这让王闯倍感自信，一下子找到了用英语聊天的感觉，也算为明晚的英文演讲做了个热身。

第 19 章

妙趣横生

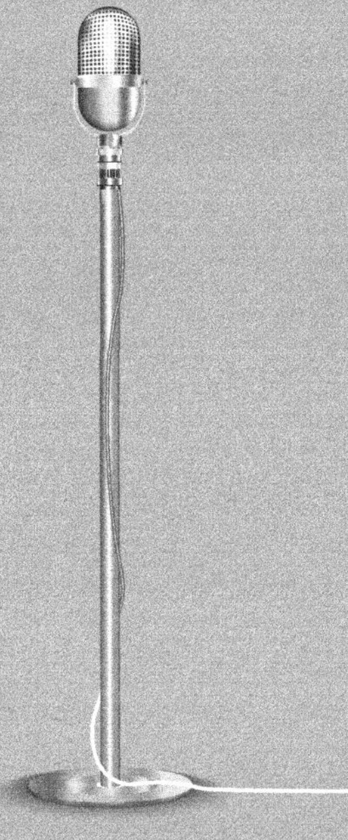

双语话剧头马演讲俱乐部又是座无虚席，王闯来得有点儿晚，刚一进门就被大家行了个集体注目礼。

“闯弟来了啊，你今天的演讲一定杠杠的，观众也会被你震得嗷嗷的，这些都是必须的。”

“多谢飞姐，您真是彪悍依旧啊！”

“别瞎说，人家可是害羞少女！”

“我看明明就是个彪悍少妇。”一位气场很强的男会员凑过来跟王闯一起调侃飞姐。

“刘峰，不服的话出去跟飞姐我练练，让你见识下什么叫真正的害羞少妇！哦，不对，害羞少女。”

“哈哈，别闹了飞姐。这位就是传说中子涵的表弟吧？果然一表人才。”

“你好，我是王闯。”

“王闯，我年纪比你大，你叫我峰兄吧。”

“丰胸？”王闯顿觉胸口有些肿胀。

“峰是山峰的峰，兄是兄弟的兄。我有个朋友叫陆平，照你的思维，他岂不很郁闷？”

陆平，平胸？王闯一想就乐了起来。

“对不起哈，是我想歪了。”

“没关系，我今天最期待的就是你的演讲，加油！”

峰兄和各位会员给了王闯莫大的鼓励，同时也让他倍感压力，好在准备充分，提前用思维导图画出了演讲脉络，又使用视觉思维过了几遍演讲内容，万事俱备，只差登场。

和预想的一样，王闯顺利完成了在头马演讲俱乐部的第七个演讲，大家完全听明白了他狗不理包子味儿口音传递出的信息，因为他用的都是小学水平的英语单词，这也是沟通的技巧，使用别人听不懂的华丽辞藻不如使用让人听进去的接地气语言。王闯感觉，经过不断霸占舞台后，自己的演讲越做越好，上台前感受到的压力也小了许多，他明显感觉到，自己成长了。

峰兄是当天最后一个演讲者，也是讲得最精彩的，让大家从开头一直笑到结尾，获得了满堂彩。

王闯一直觉得幽默的男人特别有魅力，因此，在活动结束后，他厚着脸皮找峰兄讨教幽默演讲技巧。

“峰兄，你愿意做我的 Mentor 吗？”

“可以啊！”

王闯没想到峰兄答应得如此爽快，欣喜若狂！

“Mentor，怎样才能像你一样幽默呢？”

“回答你这个问题之前，我先问你，你觉得幽默对于一个人来说有什么好处呢？”

“好处太多了！幽默的人可以给别人带来快乐，获得男女老少的喜爱；幽默的人可以调节紧张的气氛，缓解尴尬；幽默的人自己也快乐，不会有那么多压力和坏情绪；幽默的人家庭幸福，健康长寿，利国利民！”

“很好，那幽默的核心是什么？”

“核心？是好的笑话？”

“我认为，幽默的核心是积极乐观的人生态度。你见过整日怨天怨地怨政府的人有幽默感吗？”

“真没有。”

“所以说，态度是关键，其次才是幽默技巧。”

“我现在的人生态度很符合条件，那幽默有什么技巧呢？”

“既然是你的Mentor，那我今天就把毕生绝学**‘幽十三’**全部传授与你。”

“幽十三！太棒了师傅！”王闯马上拿出纸笔，准备记录。

① 幽一法：自嘲

“幽一法是自嘲。自嘲是一种人生智慧，我们往往喜欢嘲别人，少有人愿意嘲自己。但事实上，嘲自己的人不仅不会被取笑，反而会得到尊重。你听说过一位叫‘Not at all’的明星吗？”

“你指，黄晓明？”

“没错，黄晓明因为唱英文歌时发音不好而被网友们热烈调侃，之后他竭尽全力来证明自己的英文‘很好’，却招来更热烈地调侃。直到有一天，黄晓明代言了一个品牌，宣传语就叫‘Not at all’。这是一种自嘲，大家看后会心一笑，从此就再也没有人调侃他的英文了，反而越来越喜欢他。”

“没想到自嘲不仅是一种幽默智慧，还能让自己摆脱不利局面。”

“有一位神级自嘲者，叫高晓松。以前一直有人骂他，后来他把高晓松三个字来了个反义词——矮大紧，然后呢，他开始在微博爆自己特别丑，比本人还丑的照片，结果，骂他的人反而变少了，粉丝们跟着他一起欢乐，大家觉得，晓松哥你都这样了，我还骂你干嘛啊。

“很多人自以为身上的缺点，比如长得老、秃顶、丑、胖、矮、个太高，很可能是一大‘亮点’，这个时代不缺大美女、大帅哥，缺的是有特色、有个性、会自嘲的人。

“头马有一位名叫老张的会员，头发掉得非常厉害，几近秃顶。他曾经做了个调侃自己头发的演讲，通篇都是自嘲，观众笑声不断，结尾时说：‘我不在乎脑袋上面长的是什么，只在乎脑袋里面的东西。’既搞笑又励志。”

“有意思！自嘲，记下了。”

②幽二法：讽刺

“幽二法是讽刺，最简单直接的讽刺方式就是用好的词语形容公认不太好的东西。比如针对上海发生的盛禄公司染色馒头事件，作为消费者的我们，真的应该好好感谢盛禄公司的老板，是他，让我们的胃口得到了最大程度的修炼。根据达尔文的适者生存定律，我们的胃在盛禄馒头的帮助下，将会从肉胃逐渐进化成铁胃、铜胃、甚至黄金圣斗胃！我们要感谢他的八辈儿祖宗！”

“峰兄讽刺得好啊！上海地铁也可以拿来讽刺讽刺。走进上海地铁，我们可以看到一幕幕无比和谐的场景，你看，人与人之间是多么的友爱互助，上车不用走，大家推你上去；在车内不用扶，大家相互依偎；闻着车内的菜包子味，立刻节约一顿早饭钱；那震耳欲聋的喊叫声，充分体现了咱中华儿女的健康活力啊。”

“哈哈，你小子学得很快嘛。”

③幽三法：尴尬

“一般情况下，把姿态放低的人比较有幽默感，因为人们喜欢听尴尬的故事。这就是幽三法，尴尬。记住，不要害怕遇到生活中的尴尬事，因为，尴尬是幽默的源泉，讲出你不开心的事，别人就开心了。”

“哈哈，这方面的素材我很多。那尴尬和自嘲有什么区别呢？”

“自嘲是故意调侃自己，而尴尬法通常是陈述尴尬事件，既可以是自己的尴尬，也可以是别人的。谢恩就遇到过尴尬的事，他去年给女友过情人节，为了制造浪漫，他趁女友洗澡时偷偷在床上放了99朵玫瑰花，女友半裸走出浴室后，谢恩一把将其抱起，直接丢在了满是玫瑰花的床上。结果，女友惨叫，号啕大哭。原来，谢恩放的是整枝整枝的玫瑰花，上面全是刺儿！”

“哈哈哈哈，这个太尴尬了。”

“这个就叫，躺着也中刺。”

“哈哈哈哈。”

④ 幽四法：引用

“我刚才用了幽四法，引用。”

“引用流行词‘躺着也中枪’？”

“没错，现在是网络时代，流行词一茬接着一茬，层出不穷。当年火爆网络的‘给力’早已成为浮云。”

“是啊，我觉得应该紧跟时代脉搏，捕捉并引用时下最流行的词句。”

“非常好，除了流行词外，还可引用神曲和神舞。”

“就像当年的江南Style？”

“没错！你要不要跳一段？”

“别别，我还是先听听幽五法吧。”

“估计你跳舞的感觉就像幽五法——幽灵舞蹈法。”

“哈哈，你说对了！”

⑤ 幽五法：双关

“幽五对应幽灵舞蹈是一种双关，也就是指同一个词具有两个意思。对了，你知道郭德纲的太太叫什么名字吗？”

“不知道诶。”

“纲太（肛泰）。”

“哈哈哈哈，您的名字也是个双关吧？”

“没错，当我还很单纯的时候，大家叫我峰兄（丰胸），我欣然接受，完全不知道他们为什么笑。”

“后来呢？”

“后来我就不单纯了。”

“我觉得峰兄还好，至少比龙兄（隆胸）强，你懂的。”

⑥幽六法：夸张

“姜昆有段相声，说刚买的烧饼掉在地上，把地板砸裂了；郭德纲形容李菁的妹妹长得跟烤白薯掉地上然后再被踩两脚一样难看。这就是幽六法，夸张。”

“说到郭德纲和李菁，我记得有一段相声，郭德纲说李菁开着15手夏利和轮椅飙车，还感慨太刺激了，这也是夸张吧？”

“没错。夸张的范围很广，包括夸张的内容、夸张的肢体语言、夸张的语音语调等等。幽默是一种艺术，源于生活，高于生活，把生活中的小事放大，加以夸张地演绎，往往会有幽默效果。”

“就像你今天的演讲，说大学追女友时情敌加起来可以组成四支中国男足和一支中国女足，这也是夸张吧？”

“整个演讲我用尽了夸张，唯独这件事是真的。”

“哈哈，你就吹吧。”

⑦幽七法：转折

“我刚才用到的是幽七法，转折。转折技巧是在你把观众引导到东边之后，突然掉头向西。你看，当你默认我要回答你那件事就是夸张时，我却说唯独这件事是真的，就是一个转折。”

“谢恩，过来一下。”峰兄把谢恩叫到了身旁。

“王闯你知道吗？你 Mentor 我能有今天的成绩……”峰兄把身体转向谢恩，王闯以为他要好好赞美谢恩了，充满期待。

“那都是因为我自己。”王闯狂笑。

“但如果没有谢恩的话……”王闯继续期待。

“我早就成功了。”

哈哈哈，王闯觉得这转折用得太妙了。

谢恩回了一句 ：“套路，都是套路。”无语地走开了。峰兄继续上幽默私教课。

“华盛顿邮报搞过一个比赛，要求写两行押韵的诗，第一行能多浪漫就多浪漫，第二行能多不浪漫就多不浪漫，爆笑佳作数不胜数！”

“您能举一个例子吗？”

“不能！我要举两个给你。”

“……”

“Kind, intelligent, loving and hot.（善良，聪慧，多情而性感。）

This describe everything you are not.（可惜这些你一条都不占。）

I thought that I could love no other.（曾以为一生只爱你一个。）

That is until I met your brother.（直到遇见你的大表哥。）”

“哈哈哈哈，精彩！”

⑧幽八法：联想

“你是不是联想到作者和那位大表哥相爱的画面了？”

“哈哈，这句诗的想象空间确实很大，你是在说幽八法了？”

“没错，幽八法，联想。联想的意思是，你的话可以让观众有一个想象空间，最好是那种有点小坏的想象。比如本山大叔的春晚小品里，小沈阳读了一封信，最大的笑点就是那句‘此处省略 XX 个字’。”

“你这么一说，我想到了前些天团队建设时玩过的洞房花烛游戏，太精彩了。”

“说来听听？”

“此处省略 250 个字。”

“好小子你，玩起师傅来了，快点告诉我！”

“简单地说，就是我在洞房花烛夜时看破红尘了。”

“什么乱七八糟的！孩子，你是吃药了？还是忘了吃了？”

王闯被峰兄绕进去了，不知如何回答。峰兄继续，

“三星的 Note 7 手机发生爆炸后，一位高级黑网友是这么评论的：‘我永远支持三星手机，我的 Note 7 就从来……’”

“哈哈哈，其他人可以联想到他的手机就在那一刻爆炸了。太有才了！”

“没错，绝对的高级黑。我们继续。”

⑨幽九法：照应

“幽九法，照应，是指在同一个场合，调侃自己或其他人在之前说过的话。比如宋丹丹在小品开始不久时说，赵忠祥是我的心中偶像。最后照应说，我十分想见赵忠祥！赵本山在小品中也有一个经典照应：我姥爷也姓毕！”

“照应，记下了。Mentor，你教完我幽默演讲之后，能否顺便教教我如何战胜四支中国男足和一支中国女足这些情敌不？”

“照应得还算不错，可惜，天机不可泄露。”

“还天机呢，我看是天上的公鸡吧？”

“天上公鸡，公鸡中的战斗鸡，欧耶！”

“哈哈，这不是波导手机当年的广告词嘛。”

“作为优秀的演讲者，需要时刻关注观众所熟知的热点，然后在你的演讲中照应。比如希拉里和特朗普两位总统候选人为了制造幽默氛围，会不断照应对方的热点，比如特朗普会利用希拉里的邮件门和健康门，而希拉里说特朗普健康得像匹马，普京骑的那匹马，照应特朗普和普京的关系。”

“这里面我除了听出了照应，貌似还有讽刺。”

“没错。我发现你骨骼清奇，很有天赋嘛。来，继续。”

⑩幽十法：改编

“改编广告词是幽十法‘改编’中的一种。比如，今年过节不收礼啊……不收礼啊，不收礼，不收礼啊，不收礼，收礼只收脑抽筋，

脑～抽～筋！喝了脑抽金，他好，我们也好。”

“哈哈哈，你这是改编了两个广告，还有讽刺啊。”

“新闻曾经曝光过 XX 奶粉致使儿童性早熟事件，还频频曝光过一家牛奶公司的质量问题。广告词可以这么改：每天一杯 XX，催熟一代中国人！”

“哈哈哈，你这是改编一家牛奶公司广告去讽刺另一家啊，过瘾！”

“除了改编广告词之外，像成语啊、名著什么的都可以被改编，内容越深入人心，改编效果就越好，比如‘杜甫很忙’系列。”

“哈哈哈，‘杜甫很忙’系列确实精彩！我说峰兄，你可真有料啊，要是早点认识你就好了。”

11 幽十一法：模仿

“对不起，我来晚了。”

“你这不会是在模仿吧？”

“回答正确！现在教你幽十一法，模仿！”

“嘿嘿，厉害了！”

“哎哟，不错哦。宪哥的经典名言被你小子模仿得惟妙惟肖。”

“你的周杰伦也很厉害啊。”

“如果在演讲中加入模仿元素，比如模仿爷爷奶奶、爸爸妈妈、老师老板或者名人名段，会让你的演讲增添许多幽默感。”

“还可以模仿方言，侬窥吾港额对瓦啦？（上海话：你看我讲得对吗？）”

“你介所滴死嘛儿呀！（天津话：你这说得是什么呀！）”

“哈哈哈，我模仿你们上海话，你模仿我们天津话。太有喜感了！”

“必须的！”

⑫幽十二法：文化差异

“上海和天津、国内和国外，有很多语言和文化上的差异，搜集这些文化差异并诠释，也是一种幽默。”

“也就是说，幽十二法是文化差异？”

“没错！我有个美国朋友在美国学了两年中文，比起美国人的高傲自大，他更喜欢中国人的谦虚内敛，于是决定闯荡中国。到了中国后，他认出的第一句汉语是‘中国人民很行’，然后开始怀疑，难道中国人的谦虚内敛是骗人的？难道中国人要让世界知道他们很行？很快，他又看到了‘中国建设很行’、‘中国工商很行’、‘中国农业很行’。后来我告诉他，那俩字不是‘很行’，是‘银行’！”

“哈哈哈，真尴尬啊！”

“这还不是最尴尬的。有一次他找朋友改文章，朋友说正在方便，他因此得知‘方便’是上厕所的意思。后来，另一个朋友打电话给他，说自己的女友想跟他合影，他说没问题，什么时候？朋友说：你方便的时候……”

“哈哈哈，除了文化差异，还有双关、联想和尴尬。”

“掌握得不错嘛！”

“是 Mentor 教得好，你这故事都是真的假的啊？”

“假亦真来真亦假，真亦假来假亦真。”

⑬幽十三法：节奏

“接下来，就是最后一法了，节奏。说话的节奏极其重要，同样一个故事，有人讲就非常搞笑，而有人讲却能冷死一片。”

“都是因为节奏？”

“很大一部分是的。比如宋丹丹说：做银，难；做女银，难。赵本山接着说：做一个名老女银……难！这个笑点的点睛之笔就是赵本山说完‘名老女人’后的一个停顿；语言是精妙的艺术，多一个或少一字都会影响幽默效果，如果在‘难’前面加个‘很’字：做银，很难；做女银，很难；做一个名老女人……很难！要想让这个笑点出来……非常难！”

“完全同意！”

“你回去好好揣摩吧。我最后做个总结，不管是‘幽十三’，还是其他幽默技巧，请务必记住八个字：情理之中，意料之外。”

“情理之中，意料之外？这个有点像转折法，我是不是可以理解为，要想幽默，得让自己不正常起来？”

“自己还是正常的，只是思维要发散一点。需要注意的是，只有在自然放松的状态下才能幽默，紧张兮兮地演讲，就算用上所有技巧，观众也不一定笑。所以记住，要自信！怎么自信呢？不断去挑战心理舒适区吧。”

“多谢 Mentor，听完您的教诲，犹如暴饮千斤琼浆玉液！”

“不许拍马屁！”

“我的意思是，我快被撑死了，得回去好好消化一下。”

“回去多练吧，只有不断实践，才能揣摩到位，期待你下一个演讲。”

第 20 章

梅开二度

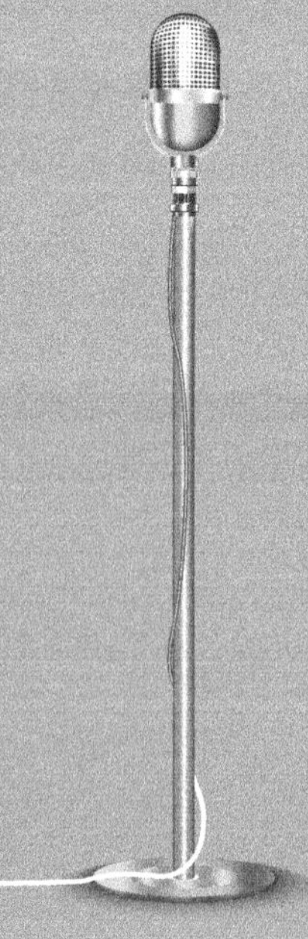

每次来头马，都有新收获。今晚，王闯完成了自己在头马的第七个演讲，也完全融入到了俱乐部大家庭中，还被大名鼎鼎的峰兄收为徒弟，学到了自己最不擅长的幽默技巧。

遗憾的是，子涵今晚没来俱乐部。王闯也没有多想，回家后痛快地冲了个澡，哼唱起了那首他最爱的歌：

“当我和世界不一样 / 那就让我不一样 / 坚持对我来说就是以刚克刚 / 我如果对自己妥协 / 如果对自己说谎 / 即使别人原谅 / 我也不能原谅 / 最美的愿望一定最疯狂 / 我就是我自己的神 / 在我活的地方 / 我和我最后的倔强 / 握紧双手绝对不放 / 下一站是不是天堂 / 就算失望不能绝望 / 我和我骄傲的倔强 / 我在风中大声地唱 / 这一次为自己疯狂 / 就这一次我和我的倔强……”

王闯最喜欢五月天的歌，尤其是这首《倔强》，之前他只是觉得旋律好听，现在唱起《倔强》来能感觉到热血沸腾，这，也许就是一种共鸣吧？

个人演唱会被客厅传来的短信声打断，王闯无比兴奋，相信一定是子涵发来的。他马上从阿信变身为博尔特，三步变两步跑到客厅，激动地拿起手机。他猜对了一半，这条短信确实关于子涵，但不来自于子涵。

“我要以公平的方式跟你争取子涵，这是我的战书，下个月开始的演讲比赛，我们一起参加，从俱乐部到美国，先被淘汰者，请主动放弃子涵。你，敢吗？”落款是，谢恩。

看完短信的王闯有点惊愕，原来谢恩这位在感情问题上不显山不露水的低调文艺青年也是子涵的爱慕者，更令他惊愕的是，怎么这位文艺青年如此幼稚呢？感情是用赌的方式换来的吗？就算你赢了，能保证子涵爱的是你吗？王闯关掉短信，又看到了一条不知是谁发来的微博私信：“不要再骚扰孟子涵，否则，后果自负！”

王闯越想越窝囊，小学时，他的中队长职位被一位品学兼差的同学得到，因为人家的爸爸是班主任的高中同学；高中时，他在三好学生的评选中意外输给了另一位中等生，因为人家动用了校长的关系；大学时他看上了一个女孩儿，却因为不敢表白，眼睁睁地看着她被别的男生牵起了手……

王闯在心理狠狠地骂自己，你个窝囊废，能不能有骨气地活着？！敢不敢去争取自己所爱？！

王闯拿起手机，先回复谢恩的短信："我会报名下个月的演讲比赛，三项比赛全报，一定赢你！"然后回复匿名私信："请不要像个缩头乌龟一样！"

回复完后，王闯自觉情绪有点激动，马上从 1 数到 10，这是他平复激动的最好办法。回归淡定后，王闯突然笑了起来，因为他发现情敌们都把自己当成了最大竞争对手，这说明连情敌们都觉得他和子涵最般配，想到这里，王闯又开心地唱起了他的《倔强》，这一次，声调更高，唱得也更加投入。

"我和我最后的倔强 / 握紧双手绝对不放 / 下一站是不是天堂 / 就算失望不能绝望 / 我和我骄傲的倔强 / 我在风中大声地唱 / 这一次为自己疯狂 / 就这一次 / 我和我的倔强。"

唱着唱着，王闯的深情版个人演唱会再次被短信声打断。

"谢恩这个家伙还有完没完了！"王闯在心里暗骂。

"快打电话给我，快！"短信是子涵发来的！

王闯以闪电般的速度回拨了电话，望着屏幕上显示的头像照片，愈发担忧起来。一声、两声、三声，王闯的心跳也跟着拨号声一下、两下、三下噗通噗通地跳着，每一下都跳得异常沉重。响到第五声后，子涵接起电话。

"喂，王总您好，我在朋友家，事情很急吗？我知道了，您别着急，我马上过去处理。嗯，一会儿见！嘟嘟嘟嘟嘟嘟嘟……"

电话已挂断，剩下一句话没说的王闯傻傻地愣在原地。王闯马上深呼吸，平复情绪，他预感到，子涵碰上了麻烦，她在想办法脱身。

王闯拿起手机，看到了子涵一小时前更新的朋友圈……

子涵挂断电话，长出了一口气。

“对不起，公司有急事需要我过去处理，我得走了。”

“你不许去，什么事都没有我的事重要。你不去的话会损失多少钱？告诉我，我10倍赔给他们。”

“柴昆昆，不是什么东西都可以用钱来买的，钱也绝不是用来威胁人的。”

“我才不管，我再重复一遍！如果你不跟我在一起，我马上封杀你妈妈的公司！”

“随便！你如果这么做的话，我这辈子都不会再见你一面。”

“你怎么这么傻呢？王闯那小子有什么好的，既没钱，又没地位……”

“他有希望！我们没必要再聊下去了，再见。”

“看来我们真的是有缘无分了。你再等我一下好吗？我去拿个礼物给你，送完这个礼物，我再也不会纠缠你，也不会伤害你妈妈。可以吗？”

“那你快一点吧。”

时间一分一秒地过去，子涵焦急地等待着，她今晚被柴昆昆以“讨论要事”为名骗到了私家别墅，却被无赖般地纠缠，本想通过“已经跟王闯在一起了”这样的理由劝他放弃，却进一步惹怒了他。子涵好想赶快离开这个不属于自己的地方，可她答应要等柴昆昆……子涵朝窗外望去，看到几个佣人开车驶离了别墅，车灯渐远，留下漆黑的夜和死一般的沉寂。子涵有种不祥的预感。

“等着急了吧？”

“我不要你的礼物，赶紧让我走吧。”

“走？走哪儿去呢？”

子涵发现柴昆昆的手里拿着一根绳子，她下意识地拿出了手机。

“别浪费力气了，这里的信号刚刚已经被完全屏蔽。你也不用叫，佣人都被我打发走了，我大门都不用关，因为没有人会来这里。”

“你到底想怎样？！”

“怎样？现在这幢别墅里只有我们两个，今晚，你跟我也得跟，不跟也得跟！”

“柴昆昆，你混蛋！”子涵急了，同时，也好害怕。

“骂得好啊，你的声音还真是让人销魂啊，来，再骂一句。”

“你这个卑鄙小人！”

“太销魂了，哈哈哈哈。我劝你还是省省力气吧，给你两个选择，要么乖乖地配合，要么我把你绑起来！”

子涵试图夺门而出，却被柴昆昆狠狠地拽了回来，重重地摔到了地上，望着自己开始出血的手臂，子涵感觉很痛、很怕，眼泪夺眶而出。所有男人看到这一幕都会为之心碎，除了那冷血的禽兽。

“求求你，让我走吧。”

“可以啊，先答应跟我在一起，就让你走。”

“我死也不会跟你在一起！”

这句话彻底激怒了柴昆昆，他拿起绳子，像野猪一样扑向了倒在地上的子涵。

子涵被吓得没有了力气，只看见一道金光向自己扑来，随即昏了过去，有那么一刹那，她仿佛看到了，王闯。

……

“子涵，我是王闯啊，醒醒啊，子涵。”

子涵被一个熟悉的声音叫醒了，她发现自己正依偎在王闯的怀里，身体完好无损，手臂已经缠上了纱布。

“他在哪里？他在哪里？！”

子涵显然还没有从惊悚中脱离出来。

“子涵，别怕，你现在很安全，有我在呢，别怕。柴昆昆在那边。”

子涵顺着王闯指的方向，发现柴昆昆正被绳子捆着，蜷缩在角落里，被打得鼻青脸肿，显然，是王闯干的。

“对不起，我来晚了。”

子涵发现王闯的眼角噙满了泪水，她没有气力说话，松软地依偎在这个温暖的怀里，像个小孩子一样甜甜地睡着了。尽管王闯的身体已经酸到没了知觉，但他依然纹丝不动，生怕吵醒怀里的她。

子涵睡了好一会儿才醒过来。

“谢谢你，又救了我。”

王闯没有说话，憨憨地傻笑。

“对了，你怎么知道我在这里？”

“我看到了你在朋友圈留下的地址，不放心，就拼命往这边赶，还是让你受了点委屈，我真该死！”

子涵把手指放到王闯的嘴唇上，示意他不要自责。此刻，王闯深邃的双眼凝视着子涵深深的眼眸，子涵深深的眼眸凝视着王闯深邃的双眼，你浓，我浓。

“我们先处理一下柴昆昆吧！”子涵突然推开了王闯，她依然没有准备好接纳王闯。

“柴昆昆，你是希望我们报警呢？还是？”王闯威严地对柴昆昆说。

“别别，千万别报警，我可以给你们钱，要多少都行！”

“谁稀罕你的破钱！”

“啊？那你要什么啊？”柴昆昆吓得快尿裤子了。

“我问你，今晚的私信是不是你发的？”

“是，是，对不起，我以后再也不发了。”

“很好，你身上的伤是怎么回事？”

“是被你打的，哦，不是，是我自己摔的，我自己摔的。”

“你给我记好三点。第一，以后不准再骚扰子涵；第二，今晚的事不准告诉任何人；第三，跟子涵妈妈之间的生意往来不准牵扯任何感情纠葛！能做到吗？”

王闯的演讲能力真的是突飞猛进，连教训人时都逻辑清晰，只讲三点。

“能，能，我说到做到！”

临走前，王闯给柴昆昆留下一张纸，上面画了一幅思维导图，内容是三个“不准”。

王闯把子涵护送到了家门口，才拖着疲惫的身体，放心地离开。

子涵躺在松软的床上，正准备关机睡觉时，收到一条柴昆昆发来的短信，

“我有一个秘密要告诉你……”

第 21 章

以理服人

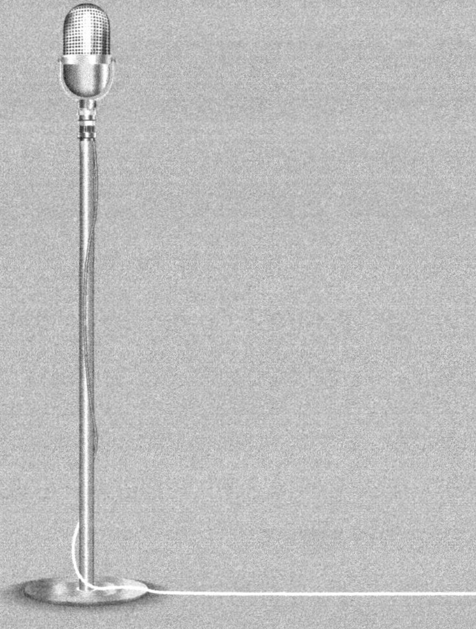

“各位同事，上海市将于半年后举办长跑比赛，包括6公里健身跑、21公里半程马拉松以及42.195公里的全程马拉松。为了倡导‘健康工作、健康生活’的公司文化，希望大家踊跃报名……”

读完Linda发出的题目为“英雄帖”的邮件，王闯思考了5秒钟，回复邮件报了21公里的半程马拉松。

临下班时，人力资源部的Linda和Flora来到王闯面前。

“你好王闯，在忙吗？”Flora以其堪比林志玲的嗲音率先开场，电得王闯一直从发梢酥到脚趾甲。

“不忙不忙，你们有事吗？”

“我们收到了你的邮件，得知你报名半程马拉松跑步，很想知道你报名本次长跑的初衷。”

“是这样的，以前公司组织的活动我基本都没参加过，最好的弥补办法就是不再错过公司组织的任何一项活动。”

“那你对半程马拉松有概念吗？以前有过长跑经历吗？”

“我以前参加最长距离的跑步是大学时的1000米测试。半程马拉松？还真没概念，折算一下的话，好像是1000米测试连续做21遍。”说着说着，王闯放慢了语速，心想，大学时把自己累得半死的1000米跑，要连续跑上21遍！这个距离在不堵车的情况下，打车都得几十块钱了吧，这不是在玩命嘛？

“我给你一个更直观的概念吧，21公里，不堵车的情况下，打车费差不多70块钱。”

王闯试着让自己淡定下来：“没关系，马拉松不是要在半年后才开始嘛，这是难得的健身机会啊！”

“怎么讲？”Flora有些不解。

"你们听说过'把钻戒丢过栅栏'吗？面对一个栅栏，你觉得翻不过去，那就翻不过去了，但如果把自己心爱的钻戒丢过栅栏，你就一定可以翻过去。"

王闯已经可以把子涵交给自己的东西活学活用了。

"报名马拉松就相当于把钻戒丢过栅栏，对吗？"

"没错。跟这么多同事一起长跑，你会担心万一跑不下来多丢人啊，万一跑个三长两短的，甚至连丢人的机会都没了。这个动力会逼着我们每天锻炼。我现在已经有了一个粗略计划，从明天开始到马拉松比赛日的前一周，每天坚持慢跑 3 公里，我就不信跑不下来这 21 公里。"

"真好！"Linda 开始发言，"王闯，说句心里话，我以前对你有些成见，因为总感觉你不太合群，自从上次团队建设之后，我对你的印象大为改变，今天你再一次让我刮目相看，是个爷们儿！"

"不敢当，不敢当。"Linda 突然插进来的夸奖让王闯有点不好意思。

"公司今年极其鼓励员工报名参加马拉松长跑，就像你说的，长跑可以提高同事们的身体素质，还能提升团队凝聚力。可是……不瞒你说，从发出邮件到现在，只有一个人报名，就是你。"

"就我一个人跑的话，我这人该丢给谁看啊？！"王闯不忘自嘲一把。

"所以你要扛起号召大家报名的重任嘛。我正式邀请你在明天下午的员工大会上做个动员演讲，呼吁同事们加入到征战马拉松的队伍中来。"

员工大会？动员演讲？王闯的脑海中不停地闪现这两个词。上海总部的员工大会每次约有 200 人参加，这就意味着要面对 200 人做演讲。王闯明显感觉自己的心跳在加速。但是，面对如此经历沧海的绝好机会，他岂能放过？

"没问题，给我多长时间？"

"太好了王闯！做个五分钟演讲就可以了，明天大老板和你的老板都在，这也是你表现自己的大好机会。有什么需要协助的尽管来找我，加油啦。”

“王闯加油。”

Linda 和 Flora 纷纷离去，剩下王闯一人独自发呆。

“大老板、老板，都是浮云！我一定可以！因为我是头马演讲俱乐部的会员，我是未来的演讲冠军！”

为了给自己打气，王闯不惜提前透支了未来。

“您所拨打的电话已关机。”

不知为何，子涵的手机一直处于关机状态。

联系不到子涵，王闯只能把新 Mentor 峰兄约出来求助。峰兄听完王闯的介绍，得知他需要做一个说服演讲，目的是说服同事报名马拉松比赛。

“王闯你换位思考一下，如果你现在没有跑马拉松的打算，别人怎么才能说服你去跑？”

“如果让我相信跑马拉松的收获大于我的付出，我就会去跑。”

王闯想了想后回答。

“你很理性，付出就是成本，我们可以假定其为固定成本，那么说服者是不是要尽可能多地阐明你可以获得的好处，才有机会把你说服？”

“是的，不过这个好处也不能乱说的，而且这个好处要有意义才行。”

“比如跟你说跑步路上会有很多美女啦啦队为你呐喊助威对你来说就没有意义，因为在你心里……你说是吧？”

“峰兄，那个，你跑题了。”王闯有点脸红。

“哎哟，我是眼睁睁看着你小子的脸皮一天比一天厚，你脸红个啥！”

“……”

“提到说服演讲呢，Alan H. Monroe 博士曾经提出过一个 **ANSVA 演讲**

5 步说服法，我觉得很好用，给你介绍一下——

① 第一步，Attention（注意力）

在演讲一开始就要抓住观众的注意力，然后把他们的注意力往你的主题上引。比如你可以扛一个马拉松大旗进入会场，保证吸引眼球。

② 第二步，Need（需求）

你可以像刚才一样换位思考，站在对方的立场上，分析他们为什么要跑马拉松，每个人的需求可能不同，因此可以尽可能多地列出需求，比如有人要减肥、有人想健身、有人想借此交朋友、有人觉得跑马拉松具有人生意义、有人想挑战身体极限、有人纯粹为了谈恋爱、有人想陪伴同事一起跑……

③ 第三步，Satisfaction（满足）

列出需求后，就要提出满足大家需求的解决方案，这个解决方案就是跑马拉松！最好给出科学的依据来论证该解决方案确实可以满足大家的不同需求。

④ 第四步，Visualization（视觉呈现）

为大家描述一幅采用你方案之后的画面，让大家清晰地看到自己将要产生的变化。比如可以说，跑完马拉松之后，你就可以重新穿上大学时代的裙子了。当然，要客观属实。

⑤ 第五步，Action（采取行动）

最后，通过一个漂亮的收尾让大家立刻采取行动，也就是报名马拉松。

“ANSVA！明天我就按照这个思路来，多谢 Mentor。”

王闯的脑海中已经有了一个框架。

“为了以防万一，我再教你几招美国作家罗伯特·西奥迪尼提出的《影响力》原则吧——

① 第一招，对比原则

不知你有没有过这样的感觉，当你看到一位大美女后，就会觉得另一位长相普通的女子更加普通；或者当你搬过一块很重的石头后，再让你搬起一块相对较轻的石头，你会觉得那块轻的石头比预想得还要轻。这就是对比原则。你以前提到过的“曾经沧海难为水，除却巫山不是云”也可以用对比原则来解释。如果你希望大家跟你一起报名半程马拉松，就可以先跟大家描述全程马拉松，对比全程马拉松，半程马拉松给大家的感觉就比预想中的容易些了。

② 第二招，互惠原则

A 对 B 施以恩惠后，B 会对 A 产生亏欠感，这种感觉可以让 A 更容易影响 B。比如我跟你说，明晚一起吃晚饭吧？你八成会积极地推荐饭店，并主动请客，因为我教了你很多东西，你会觉得亏欠了我。如果把这个原则用到演讲中，你可以说公司会帮大家付报名费。

③ 第三招，承诺和一致原则

某人在公众场合做出承诺后，往往会因此做出和这个承诺相一致的事。据我调查，在有亲戚朋友和领导在场的婚礼上宣誓和新娘相爱一生的新郎，出轨率要远低于草草结婚的新郎。基于这个原则，我建议你让报名的同事当场举手，那么多领导和同事在场，会大大降低将来放鸽子的概率，你就不用担心夜长梦多了。

④ 第四招，社会认同原则

社会认同是一种羊群效应，意思是人们往往会受到大众的影响。葛优的广告有这么两句话："哪儿人多我去哪儿"，"相信群众"。不知你有没有过这样的经历，当一部无聊话剧多次被掌托儿的掌声打断后，不明真相的群众会认为这部话剧还不错，甚至因此怀疑自己的鉴赏能力。建议你明天在演讲之前，事先说服几位积极的同事，演讲时让他们配合表明一下自己的立场，效果可能会很神奇。

⑤ 第五招，权威原则

大家往往会被一些具有权威特征的事物所影响，比如你在火车上巧遇一位老人，你可以跟他胡吹一番，但如果你得知他的身份是某位国家领导人的话，尽管老人还是同一个老人，可能你连一句话都说不出来了；还有我们看到的高露洁广告，里面拿化学试剂的人并不是什么权威人士，但却影响了大量消费者，因为他身上穿的白大褂具有医生这样的权威特征。基于此，我建议你穿上一身运动衣或者邀请一位公司领导来助力。

⑥ 第六招，喜好原则

俗话说，物以类聚，人以群分。人们往往会更喜欢和自己有相似性的人，比如中国流行的老乡文化以及时下流行的社群文化，这些都属于喜好原则，因此建议你去寻找和同事们的共同点，以拉近和大家的距离。

⑦ 第七招，短缺原则

人们往往对短缺性的东西更加珍惜。同样一个女孩儿，如果你追求她时她正在被黄晓明、古天乐和吴彦祖同时追求，而另一种情况是你追求她时她刚刚被许三多甩掉，同样是把这个女孩儿追到手，一定是前面的情况会让你更加珍惜她，得不到的才是最好的，难得到的就是更好的。当然，这个例子也有社会认同的成分在，记住，影响力的原则可以组合使用。

“太棒了 Mentor，我好好吸收一下！”

“用上 ANSVA 演讲五步说服法和影响力技巧，相信你明天会很成功，加油！”

“一定！对了 Mentor，很多朋友推荐我去吃海底捞，明天晚上我请你，如何？”

“这徒弟真有心，明晚海底捞见！”

“我的意思是，很多朋友推荐我去吃海底捞，明天晚上我请你吃包子，如何？”

“‘幽十三’中的转折法！徒弟，你太狠了！”

“哈哈，以彼之道，还施彼身……”

王闯把峰兄所讲的内容重新梳理了一遍，在网上做了些调查，画出了思维导图，便安然入睡了。

第二天员工大会上，王闯身穿上一届东丽杯马拉松 T 恤衫（ANSVA：注意力），在 Linda 等掌托儿的热烈欢呼声中（影响力：社会认同原则），大步走上了讲台。

“各位领导、各位同事，大家下午好。我现在的心情有些沉重，因为我刚刚浏览了一遍上个月的考勤记录，让我百感交集的是，竟然有超过一半的同事请过病假。这说明什么呢？说明身体已经在给我们敲警钟了（ANSVA：需求）。那我们该怎么办呢？我咨询了一位健康专家（影响力：权威原则），他的建议很简单，两个字：跑步（ANSVA：满足需求）。跑步除了可以增强我们的体质，还能帮助我们减肥、提高每天的精气神儿和工作效率，只需每天慢跑 30 分钟，就能换来更加健康的身体、更加饱满的精力以及更加和谐的家庭（ANSVA：视觉呈现），大家都很聪明，一看就知道这是个只赚不亏的好生意。可能有人会问，我可以跑，但没办法长期坚持，这该怎么办呢？其实我和大家一样（影响力：喜好原则），也觉得自己很难坚持跑步，幸运的是，我刚刚为大家、也为自己找到了一个行之有效的方法，就是我们一起组团报名半年后的东丽杯马拉松比赛（ANSVA：满足需求），可以选择跑 42.195 公里的全程马拉松或者 21 公里的半程马拉松（先说全马，再说半马。影响力：对比原则），报名马拉松就是让自己每天坚持跑步的最大驱动力。”

王闯没有在这里提及 6 公里跑，怕影响半程马拉松的报名效果（影响力：对比原则）。在停顿了一秒钟后，王闯接着说：“请问李总，您今年会报名马拉松长跑吗？”

“我报名 21 公里的半程马拉松！”

已过不惑之年的总经理，声音铿锵有力。王闯在演讲开始前已经和李总沟通过了，结果这位大老板成了他最大的托儿（影响力：权威、社会认同原则）！

“各位同事，为了健康，我们来跟李总一起报名吧（ANSVA：行动）！”

王闯在最后一句上加重了语气。

这时，以 Linda 为首的掌托儿们再次带头鼓起了掌，其他同事也纷纷响应，气氛非常热烈（影响力：社会认同原则）。

“为了支持大家的跑步计划，公司决定赠送每一位报名者运动 T 恤一件（影响力：互惠原则），只有当场报名的同事才能领取哦（影响力：短缺原则）。”Linda 已经跟王闯商量好策略，适时插了一句。

“我先做个调查，决定报名的同事请举一下手好吗？”

已经决定报名的同事按照王闯事先的请求纷纷高举双手（影响力：社会认同原则），剩下的一些同事在左顾右盼中，缓缓地举起了双手（影响力：承诺和一致原则）。

“1，2……好，现在一共有 60 位同事举手，麻烦 Linda 拍下照片，稍后整理出大家的名字（影响力：承诺和一致原则）。”

员工大会就在这样热烈的氛围中圆满结束了。

“WOW，太棒了！”Linda 跑过来跟王闯热烈拥抱，她万万没想到竟然有这么多同事报名，大获全胜！这小子的忽悠能力太强了。

王闯的老板 David 特意走过来向他表示祝贺。

“Chuang，刚刚的表现非常棒，连李总都被你影响了。”

“嘿嘿，不小心被您看出来了。”

“什么事能逃过我的眼睛！对了，我们部门有一个重要项目要做，本来是 Grace 负责的，她突然决定出国进修。怎么样？你愿不愿意代替她来当此重任？”

“当然愿意了，一直想着为咱部门多做些贡献呢！”

“你先别急着答应，这个项目很有难度，等我过两天找你详谈。”

第 22 章

动之以情

王闯的心情格外好，他明显感觉到，当自己的身体充满正能量时，吸引来的也都是正面的事，这些正面的事又进一步增强了他的正能量。强大的正能量让王闯似乎忘记了一些应有的难过与紧张，比如他似乎忘记了子涵的电话依然关机，也似乎忘记了今晚要到人民广场演讲俱乐部完成在头马的第十个演讲。

“当，我和世界不一样，那就让我不一样……”

哼着小曲的王闯在地铁口看到一位乞讨的大叔，大叔趴在地上，腿被一件破大衣盖住，样子非常可怜。身前放着一张大字报：本人自幼身患小儿麻痹，双腿无法行走，如今老母年迈染病，无钱医治，恳求好心人帮帮我们。

王闯心情好，看着大叔着实可怜，决定慷慨解囊，在囊即将解开之际，不知从哪儿传来一句“城管来了”，只见这位“小儿麻痹”大叔蹭地从地上一跃而起，拿起行头撒腿就跑，奔跑速度有望在奥运田径场上拿个名次。

王闯被这一幕惊得哭笑不得，心想，自己如果是个报社记者，一定起草一篇报道，名为《城管瞬间治愈先天小儿麻痹》。

人民广场演讲俱乐部的人气同样高涨。

“接下来的环节是紧张激烈的俱乐部官员换届选举，从主席到秘书，每一个职位都有两位被提名候选人，请注意，这个提名不是最终结果，我们欢迎现场提名。”

头马演讲俱乐部每半年进行一次官员改选，被提名的官员需要做两分钟的竞选演讲，以赢得多数选票，毫无疑问，每一位候选人都会使出自己的看家本领，王闯很兴奋能够观摩到整个竞选过程。

“竞选从主席一职开始，除了现有的两位候选人，还有没有其他提名？”

“我提名王小欢。”主持人话音刚落，一位会员振臂一呼。

“我也提名王小欢。”

“提名有效，王小欢，你愿意接受主席提名吗？”

“我？愿意吧。”

第一位候选人开始讲他的宏图霸业，显然，两分钟对他来说，短了点。

王小欢第二个上台，演讲内容像是个没有答案的悬疑剧，可能连他自己都不知道答案。

给王闯留下深刻印象的是第三位名叫 Bill 的会员。Bill 说自己天生口吃，第一次上台做即兴演讲时一个字都没说出来，于是决定加入俱乐部克服口吃。此后，每当他在台上出现口吃就用力抽自己的嘴巴。两年后，他成功了，并一举获得俱乐部演讲比赛冠军！他说，现在是他回报俱乐部和会员的时候了。

Bill 的竞选演讲极其精彩，没有宏图霸业，没有让人听不懂的悬疑剧情，而是在两分钟的时间内用真实的故事抓住人心，让投票人跟自己的心连在了一起，不赢都难。王闯又学到了一课。

在之后的竞选中，王小欢不断被提名，不断地落败。主持人亦周实在看不下去了，他鼓励小欢说：“悲催的经历是幽默和励志的源泉，不要灰心，不久的将来，今天的经历就是你最好的幽默和励志素材。”

人民广场俱乐部的活动结束后，峰兄发来短信，告知王闯被提名为双语话剧演讲俱乐部公关副主席候选人，被提名为主席候选人的，是谢恩。

第 23 章
运筹帷幄

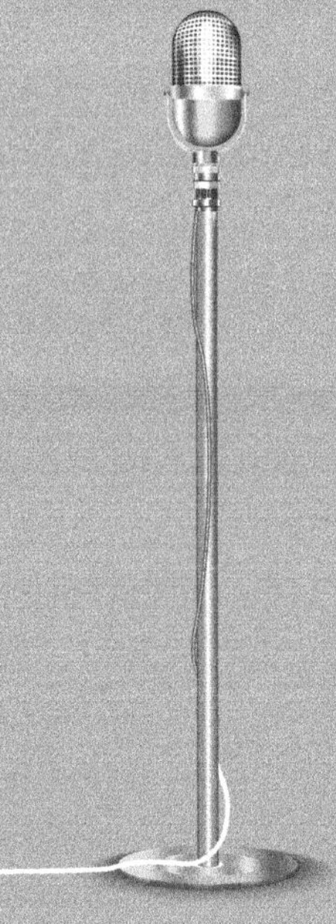

"对不起，您所拨打的电话已关机。"

一直联系不到子涵的王闯开始担心起来，他试着打电话给表哥，希望从嫂子那里得到子涵的消息。

"出去旅行了？你知道她去哪里了吗？什么时候回来呢？"

除了被告知子涵一个人出去旅行外，其他一无所知，何止是他，连子涵的爸妈都不知道她到底去了哪里。

子涵，你平安就好，我知道你一定会回来的，我等你！王闯的心异常坚定，他前两天听说过一句话，说人生的三大遗憾是：不会选择，不坚持选择，不断地选择。既然已经选择了子涵，那就坚持自己的选择，不留遗憾。子涵不在的时间，自己要在工作和演讲上更加努力。

王闯努力调整好情绪，坚持六点钟准时起床，跑步30分钟，精神饱满地来到公司。

"这次采购项目涉及的金额虽小，但难度很大，因为现阶段合作的供应商全都无法满足我们新产品的技术要求。高层只给我们三个月的时间，如果无法找到合适的供应商，新产品上市计划将被取消，而项目的负责人……我给你一天时间考虑，你可以选择接或者不接？"David神色凝重。

时间紧、任务重、意义大，王闯顿觉肩头一沉，这是自己心境改变后获得的又一次成长机会，如果不能做到别人做不到的事，何以体现出自己的价值？！

"我已经考虑好了，接！完不成的话，我，主动离职！"

王闯立下了军令状，这是一次来之不易的成长机会，也是证明自己价值的机会，这次被王闯扔过栅栏的，是前程！

David委派了两位新来的实习生协助王闯完成本次采购项目。

王闯把现有的工作交接给了同事，全身心地投入到新的采购项目中，他取 Devil（魔鬼）的首字母，给新项目起名为 D 项目，即魔鬼项目。

王闯好像一日之间成了全公司最忙的人，当大家在工作时，他在工作；当大家不在工作时，他依然在工作。王闯乐此不疲，感觉自己浑身散发着激情和能量。

业余时间里，王闯坚持每天晨跑 30 分钟、每天给子涵发送霸占舞台时长报告、每天模仿《老友记》30 分钟来纠正英语发音、每周练习一次高温瑜伽以及每周拜访两家头马俱乐部。他第一次感觉到，自己的生命齿轮正在全速运转，生命之花正在尽情绽放，这种充实的感觉，极其美妙。

又是熟悉的夜晚，当王闯忙完工作准备回家时，整个开放办公区只剩下他独自一人，陪伴他的只有窗外那一轮孤独的弯月，王闯感觉有点冷，他想起了 Chill 这个单词，耳畔仿佛传来子涵的声音："在幽邃的山谷上空，挂着一轮弯弯的月牙，它的意思是'寒气、寒冷'。"

子涵，你现在也会和我一样感觉到冷吗？天凉了，多穿件衣服，照顾好自己。

幽邃山谷上空挂着的弯月，不仅让人感到寒冷，更让人，感伤。

沉浸在感伤情绪中的王闯听到一个关门的声音，然后是沉重的脚步声。公司里还有人？好人还是坏人？最好是坏人，让我抓到你，下周的防抢演讲我就可以多讲些内容了！

正当王闯想着采用什么样的方式制服歹徒时，一位西装笔挺、头戴金边眼镜的精致中年男人映入眼帘，是，是，是李总，王闯吓得有点像曾经口痴的 Bill，没办法，毕竟自己正跟老板的老板独处呢。

"Chuang，还在加班？"

“李总，我刚刚处理好事情，准备回去了。”

“辛苦了，家住哪里？”

“在世纪公园附近。”

“我开车顺路，送你回去。”

李总强大的气场让王闯把“不用了，太麻烦您了”这样的客套话直接咽了回去，屁颠屁颠地跟在李总身后直奔停车场。

“D 项目进展顺利吗？”

“正在和供应商接洽，到目前为止一切顺利。”

“有什么我能帮到你的吗？”

这是李总第四次在晚上 10 点钟看到王闯一个人在加班，之前也听 David 提起过王闯这段时间的变化，心生怜爱，决定给他些支援。

“我觉得这段时间跟两位助手的合作不是很融洽，总感觉我根本不需要他们，事实上大部分事情也都是我自己在做，我每天加班，他俩却无所事事。我不怪他们，这是我领导力的问题。”

王闯很直接，把自己最大的困惑提了出来。

“很好！你可以把这个问题说出来，说明你具备成为优秀领导的潜力。来说说，你怎么看领导力？”

“我大学时有上过领导力的课，老师教了我们很多领导力的技巧，但我总觉得那些技巧都不实用。”

“你先把书本上学到的领导力知识统统忘掉，教科书到你们手上的时候都已经是历史书了，何况领导力的提升也不是看书看出来的，而是领导出来的。”

“您说得太对了，我如果没带 D 项目，也发现不了自己在领导力方面的不足。”

“据我观察，你的项目计划和时间管理做得不错，另外我很欣赏你能够以身作则。你可以做得更好的，是把自己的个人贡献调整为团队贡献。拿你的两位助理来说，他们现在对团队的贡献值几乎为零，每天带着怨气上下班，其实他们不一定怕累，他们需要的，是你把他们真正地带到团队中来。”

“对对对。可是，怎样才能把他们真正带入团队中呢？”

“基于目前的情形，我教你**带团队的3个方法**。”

王闯竖起耳朵开始聆听。

① 确认愿景和目标

你需要和团队成员明确一个共同的愿景和目标，当愿景和目标达成一致时，就相当于大家上了同一条船，航行的方向也统一好了，大家的力量会往同一处使，这样就能以最快的速度完成目标。

② 激励团队

怎样把自己带的羊群激励成嗷嗷叫的狼群？首先，不断在公众场合表扬他们，让他们感觉到自己非常重要，他们会因此有被认可后的荣耀感；其次，在他们其中一人面前适当地表扬另一个人的优点，让两人之间产生良性竞争关系，这可以激发他们的潜能以完成不可能完成的任务；最后，引导他们充分了解D项目对于公司、团队以及他们自己的意义，帮助他们站在更高的层面看待整个项目，让他们知道，他们不是一个棋子，而是下棋的人，把公司的事当成自己的事业来做，士气必然高涨！

③ 委派任务

作为团队领导，你可以多提问题，多倾听团队成员的意见，引导他们自己提出解决方案。比起你强加给他们的方案，团队成员更愿意去执行由自己提出的方案，尽管你们的方案一模一样。你的职责是统筹和跟进，必要时也可以帮他们分担部分工作，但切记不要把自己扎进琐碎烦乱的工作中，而让团队迷失了方向。

“不好意思，我说得有点快，听明白了吗？”

“明白了，您的分享对我来说太及时了！”

王闯非常感动，李总虽然贵为总经理，却丝毫没有一点领导架子，有的是亲和与谦逊，这也许就是成熟吧，像小麦一样，当它真正成熟的时候，就弯下了腰。

“对了李总，您最欣赏哪位领导者呢？”

“这个很难讲，凡是有自己独特风格的领导者，都值得欣赏。比如苹果公司的‘独裁式’领导者史蒂夫·乔布斯；创新工场的包容式领导者李开复；还有阿里巴巴的‘外行’领导者马云。他们唯一的共同点，就是各有各的不同！”

“嗯，我也要形成自己独特的领导风格！”

王闯听子涵说过，头马不仅可以提高演讲能力，还能提高领导力，以前一直想不通头马为什么可以提高领导力，听完李总的话，他终于开窍了。作为团队的一员，每次参加俱乐部活动都是一次领导力的锻炼；担任俱乐部官员，可以进一步发现并形成自己的领导风格。

领导力的提升绝不是看书看出来的，而是领导出来的，接下来的官员竞选，要好好准备了……

第 24 章

肢体语言

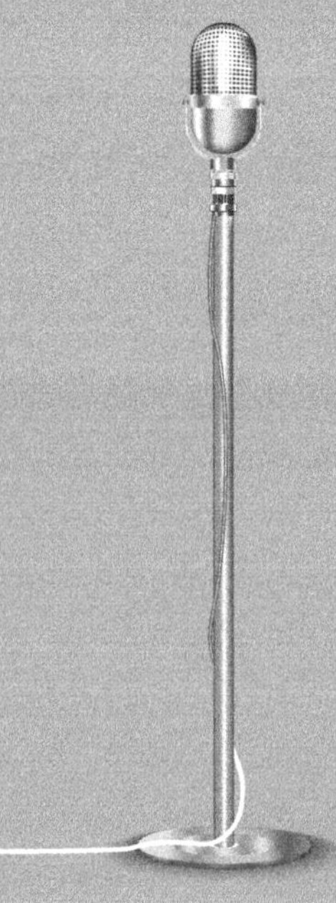

子涵的突然失踪让双语话剧头马演讲俱乐部少了许多生气，官员竞选草草收场，每一个职位仅有一位候选人，这里没有王小欢，也没有现场提名。王闯成功当选俱乐部新一届公关副主席，谢恩当选主席。

新当选的官员不是很兴奋，这可以用《影响力》中的短缺原则来解释，战胜十个竞争对手成功当选要比没有对手直接当选兴奋得多。

好在子涵失踪的阴影没能遮挡住培训师 CZ 的光芒。CZ 也是一位因头马而发现并实现梦想的资深会员，他曾经在 2009 年获得全国英文演讲比赛冠军，代表中国前往美国参加世界演讲比赛，之后毅然辞去英特尔公司的高薪工作，转行成为一名专业培训师。

成功不忘引路人，CZ 今晚专程赶到头马俱乐部，为大家带来精彩的肢体语言培训。

“请问大家，这是几？”CZ 竖起 1 根手指。

“1！”

会员们不知道大师葫芦里卖的是什么药，但还是积极配合。

“这是几？”CZ 竖起了 2 根手指。

“2！”

大家完全不知所措。

突然，CZ 举起了 3 根手指，同时问：

“1+1 等于几？”

“3！”

有几位会员同时回答，声音整齐划一。

“你们的数学是语文老师教的吧？我再重复一遍，1+1 等于几？”

大家终于缓过神来，一边笑一边回答。

“2！”

“不是你们‘2’，是你们被我的肢体语言给骗了。”

在成功破冰之后，CZ 打开令人炫目的 PPT，开始正式培训。

“今天的肢体语言培训分为四个部分：站姿、手势、走动和面部表情——

站姿

站姿是演讲者留给观众的第一印象，重要性可想而知。但我发现很多演讲者不太会站，比如下面三位：

①不倒翁式

有些人在做演讲时身体像不倒翁似的摇摆，有人喜欢左右摇摆，有人喜欢前后摇摆，还有一种螺旋式摇摆。可能只有催眠类演讲才会适合

这样的站姿，除非你期望观众们立刻把IC、IP、IQ卡的密码统统告诉你，否则，请换个姿势吧。

② 林黛玉式

黛玉姑娘优雅大方，身体却弱不禁风。有的演讲者就像虚弱的黛玉一样，得哪靠哪，后面有桌子就靠桌子，旁边有白板就靠白板。如果采用这种站姿，手里有鸡蛋的观众就直接把鸡蛋丢上去了，目的不是砸场子，而是给你补充点营养。

③ 范伟式

在小品《卖拐》中，范伟被忽悠成了瘸子，肩膀是斜的，腿是弯的。很多演讲者在讲了一段时间后突然就变成“范伟”了，难道也被赵本山忽悠了？还是被观众给忽悠了？如果没有，那就赶紧把腿伸直了吧，不然观众就要把担架卖给你了。

“大家觉得，如果用一个字形容好的站姿，哪个字最适合呢？”

“稳！”

“非常好，站姿会影响观众。站姿发飘，观众就会发飘；站姿稳，观众也会稳稳地听你的演讲。教给大家一个练习‘稳’的方法：顶书！身体挺直、平视前方、双手放于腰线以上，将一本书放在头顶，背唐诗，不要让书掉下来。”

王闯暗自佩服，他自己在台上最大的问题就是气场紊乱，站姿是典型的“不

倒翁式”，CZ 的培训一针见血。

手势

“很多演讲者不知道该把手放在哪里，有时甚至想把它们砍掉，千万别砍啊，手势太重要了，我来给你们详细讲解。手势分为三大区间，腰带以下叫‘低能区’，手放在那里没有什么能量；腰带到脖子处叫‘高能区’，手放在这个区域后气场很强；脖子往上叫‘超能区’，气场极强，不过，用不好会给观众自嗨的感觉。我个人建议，多把手放在高能区。来，请全体起立。”

王闯跟着其他会员一起站了起来，等候 CZ 的下一步指令。

“像站军姿一样把双手放于裤边，说：我爱你！”

数十个死气沉沉的“我爱你”应声响起。

“然后，把双手举到胸前并打开，说：我爱你！”

王闯发现，这一次说“我爱你”时果然能量更高，也更加投入。

王闯恍然大悟，把双手举起来可以释放自己的能量，更能感染到观众。

“请坐吧。你们看，手势是如此的重要，但是，它却被很多人乱用，比如下面几位——

① 亚当夏娃式

没穿衣服的亚当最容易把双手放在哪儿？挡在私处！大家别笑，很多人的演讲都是这个姿势，请问你到底想掩盖什么？！你知道人性的特点是越遮掩就越好奇吗？你知道当你把手放在私处后观众最想看的是哪里吗？如果你演讲的目的不是让观众想入非非，就请换个姿势吧。

②老板式

老板有三种典型的肢体形式，从上到下依次是双手在胸口交叉、双手或单手叉腰、双手或单手插兜。这种居高临下的肢体语言会让你和观众产生距离感，如果你做演讲的目的不是发工资或者给大家升职加薪的话，也请换个手势吧。

③ 悟空式

孙悟空最常见的手势动作是抓耳挠腮，很多演讲者跟悟空一样，一会儿抓抓袖子、一会儿摸摸耳朵、一会儿挠挠头发。观众看到这些动作的第一感觉就是，演讲者几天没洗澡了？如果你演讲的目的不是推销止痒的洗漱用品，请务必别再模仿孙悟空了。

手势其实很简单，只需把双手举到胸前，自然打开即可。基于此，我再教大家三个经典手势动作：

1. 切菜式：双手或单手垂直，像切菜一样上下移动。

2. 画圈式：双手由里向外画圈。

3. 巴马式：这是奥巴马常用的手势动作，即，并拢拇指和食指。

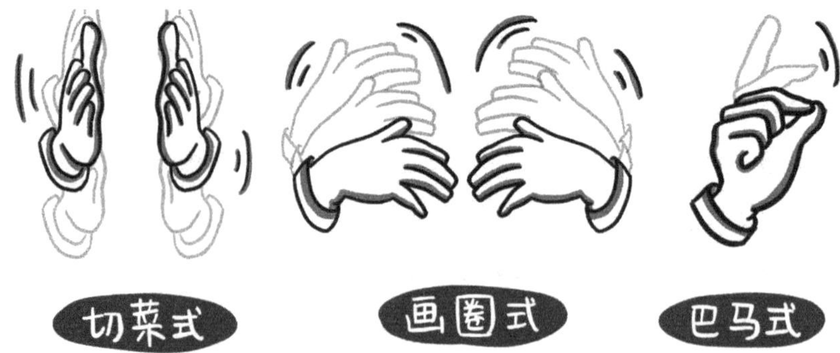

使用恰当的手势动作不仅可以提升气场和能量，还能表达出演讲的内容和演讲者的情绪。大家回去以后多多练习吧，逐渐形成自己的手势风格。”

王闯越听越激动，心想，这下终于知道把手放哪儿了！

走动

“走动的幅度需要根据演讲类型来定，如果做一个相对严肃的演讲，我建议走动的范围限定在直径为一米的圆内；如果在一个相对放松的场合做一个很有感染力的演讲，那就得充分利用好整个讲台了。

“如果把讲台分成九个区域，离观众最近的一行从左到右分别是1、2、3，中间第二行从左到右依次是4、5、6，距离观众最远的一行是7、8、9。开场应该站在哪里呢？”

“5！”

“2！”

大家的反应非常热烈。

“站在哪里都可以，根据需要来定。5是整个讲台的正中央，从圆心出发最符合事物发展的自然规律；从美学角度上来讲，黄金分割点会更具美感。那么，站在哪里对观众的影响最大呢？”

“1，2，3。”

“非常好。离观众距离越近，观众能感受到的气场就越强。那么，怎样走动可以用来表示时间、地点、人物、情节之间的切换呢？”

“轻微挪动。”

“从4走到5。”

“从5走到6。”

……

“你们说的都没错，那怎么表示‘回到过去’呢？”

“往后退。”

“非常好。还需要注意的是，走动时请保持倾斜45度角，让身体面向观众，始终保持跟观众的链接。”

王闯听着CZ细致专业的培训，竟然产生了上台走走的冲动……

面部表情

“你们觉得世界上最美丽的语言是什么？”

“法语？”

“普通话？”

"我觉得，世界上最美丽的语言是微笑。微笑的时候露几颗牙齿呢？"

"8 颗！"

"很好，上下各几颗？"

"各 4 颗！"

很多人不假思索地回答起来。

"好，现在，两两结组，面对面，听我口令，3，2，1，笑！"

现场开始弥漫着各式各样的笑声，有淑男淑女型的、有熟男熟女型的……

"现在你们告诉我，上下各几颗牙？"

"上面 8 颗，下面没有。"

"这才对嘛，我每次培训都要纠正很多学员关于牙齿数量的人生观和世界观。再说你们刚才的笑也太恐怖了，有人笑得比哭还难看，最好的笑容是什么啊？是真诚！"

CZ 继续，"还有一个器官至关重要，是眼睛。在面部笑的同时，也要让眼睛笑起来，用微笑起来的眼睛跟观众进行交流，会拉近你们心与心之间的距离。"

王闯苦苦地思索眼睛怎么也可以笑这一"哲学"问题。

"我给大家列举几个**不佳的眼神交流案例**——

① 费玉清式

你们见过费玉清唱歌吧？他唱歌时喜欢往哪儿看？往上面看！很多演讲者也是如此，他们对天花板情有独钟，时不时就朝上面看一眼，生怕它突然掉下来砸伤观众。我想说，我知道你爱观众，但你应该对天花板的质量放心，还是把你的关爱通过眼神来直接传递给观众们吧。

② 任贤齐式

"我左看右看上看下看，原来每个女孩都不简单。"这是任贤齐的

歌，也是有些演讲者容易出现的问题，漫无目的满场乱看，既没重点也没有章法，给人一种恐怖分子的感觉。

③ 色眯眯式

有些演讲者，尤其是男性，喜欢把眼睛眯起来，然后盯着某位女观众不放，吓得女观众只能抬头看天花板。我奉劝一句，如果不是眼睛的问题或者纯粹为了放电，还是把眼睛睁大一点、盯短一点吧。

怎样的眼神交流比较到位呢？教给大家一个“坚定3”原则，也就是每一次的眼神交流要坚定，并持续3秒钟。如果觉得3秒钟太刻意的话，也可以坚定地看着观众，看到他／她有反应为止，然后随机换下一位眼神交流对象。如果在只有几十位观众的小场合，眼神至少和每个人都交流一遍；如果是100位观众以上的大场合，以和前排观众进行眼神交流为主，因为他们离你最近，而且往往是VIP，当然最后一排也要照顾好，因为你的气场对他们的影响最小，其他观众按片区来兼顾即可，不用刻意找点，最重要的是自然和真诚。

最后，CZ一边点头，一边和每一位观众进行结束式的眼神交流，培训结束。整个培训内容充实、互动性强、PPT的使用也恰到好处，王闯感觉收获颇丰。

第 25 章

言传身教

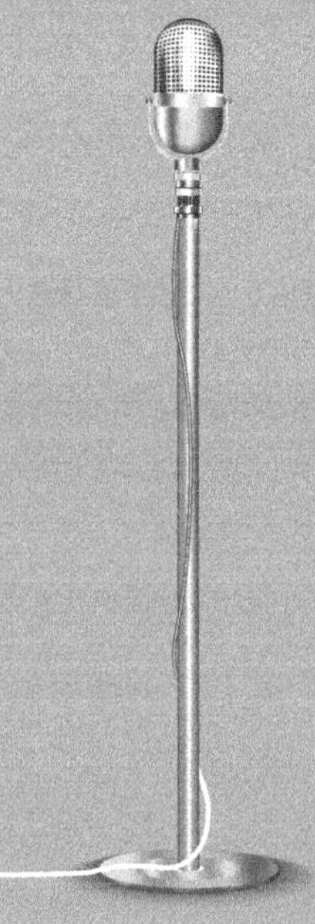

新当选俱乐部主席的谢恩在活动结束前向大家预告接下来的演讲比赛事宜："比赛项目包括英文演讲比赛、中文演讲比赛以及英文的即兴演讲比赛，英文演讲比赛的全国冠军将代表中国前往美国参加世界演讲比赛。

一个月后，俱乐部将举办首场比赛，冠、亚军可晋级两个月后的小区级别比赛，小区比赛的冠、亚军将晋级接下来的中区级别比赛，从中区级别比赛开始，只有冠军可以继续晋级。谁将代表中国参加今年的世界演讲比赛呢？"在座的会员们蠢蠢欲动。

谢恩在预告结束后给了王闯一个轻蔑的眼神，仿佛在说："小子，我根本没把你放在眼里！"

"等着瞧吧，谢恩！"王闯的拳头紧紧攥了起来，在心里给自己打气。

活动结束后，大明星 CZ 被俱乐部众多美女团团围住。CZ 就像 3D 版的西天真经，而美女们就仿佛从东土大唐而来的唐僧，有那种不把真经取回去不罢休的气势……

时间一分一秒地过去，王闯一个人安静地等在美女们的外围，他也想向这位当年的全国冠军取取经。CZ 转头的一刹那刚好看到一旁发呆的王闯，多么帅气的小伙儿，阳光的脸庞露出一丝不易发觉的忧郁，CZ 不禁打了个冷战，赶忙冲出美女们的包围，拉起王闯的胳膊，撒腿就跑，一直跑到 500 米外的小茶馆。

两人像刚刚经历完逃难一样，大口大口地喘着粗气。王闯总觉得哪里怪怪的，原来 CZ 的手还拉着自己的胳膊……

"不知道为什么要跑吧？"

CZ 打破了尴尬。

"这个，真不知道。"

“你叫王闯吧？先恭喜你成功当选公关副主席，好好干，我很看好你。”

“谢谢你，老师。”

“你叫我 CZ 吧，或者小 CC 也行。”

“好的，CZ 老师。

王闯实在叫不出“小 CC”这个名字。

“老师两字也去掉！”

“好，CZ。你愿意做我的 Mentor 吗？

“我愿意！我先跟你说说我为什么要跑吧，你听说过人群恐惧症吗？”

“听说过啊。”

“我有这个病。”

“啊？你怎么可能有人群恐惧症呢？刚刚培训时不是好好的嘛！”

“我的人群恐惧症比较特别，确切地说，叫女人群恐惧症，被女人包围时就会浑身冒冷汗。”

“真有这种病啊？”

“这种男人病极其罕见，但我的另一种男人病你一定听说过。”

“什么病啊？”

“在我的心里，有那么一座山……”

“什么山啊？”王闯没看过那部叫《断背山》的电影，完全不明白 CZ 的意思。

CZ 惊愕，好一会儿，才接着说，

“佘山！”

看到 CZ 有点生气，王闯赶紧换了个话题。

“CZ，你说什么样的演讲才能获得冠军呢？”

“假设你就是评委，你会给什么样的演讲最高分呢？”

聊到演讲比赛这个话题，CZ 马上体现出了专业素养，开始引导王闯。

“我会给观众最喜欢的演讲最高分。”

“那观众最喜欢什么样的演讲呢？”

“应该是能让观众听进去，并有所启发的吧。”

“很好，那你觉得什么样的演讲可以让观众听进去，并有所启发呢？”

“幽默和励志的故事吧。”

“谁的幽默和励志的故事？”

“演讲者自己的。”

“自己什么样的故事比较幽默和励志？”

“悲催的故事。”

王闯想起了亦周说过：悲催的经历是幽默和励志的源泉。

“很好，我没看错你。”

看着 CZ 春光明媚的微笑，王闯也跟着明媚春光地笑了起来。

“我曾研究过去 20 年世界冠军们的比赛录像，他们的演讲基本都是一上来就拿自己的悲催经历开涮，把观众逗得前仰后合，然后从中悟出一个人生哲理。”

“你能说具体一点吗？”

“具体的，叫 **MCD 法**，M 是 Message，信息；C 是 Content，内容；D 是 Delivery，呈现。这可是我多年研究出来的独家心得，也是我获得全国演讲比赛冠军的秘籍，一般人我绝不告诉他！”

“这个……”

“你不是一般人！今天，我要把秘籍全部传授与你！”

此刻的 CZ，给人一种小宇宙正在燃烧的感觉。

① Message（信息）

演讲的核心目的是要告诉观众一个信息，这个信息往往是一个哲理、一个感悟或者一个价值观，比如“追求梦想从来不晚”、“爱他，就表扬他”、“承诺是必需的”……在准备演讲之前，你首先要确定这个信息。接下来的所有内容和表达技巧都是为了让观众更有效地接受这个信息而服务。越是演讲高手，传递信息的方式就越生动，而信息，反而越简单。记住，信息在演讲中要至少讲三遍。

② Content（内容）

世界冠军们的演讲都是讲故事，整体结构基本都是总、分、总，开头吸引观众注意力和兴趣，主干展开，层层递进，结尾总结并升华。我非常喜欢 2001 年世界冠军 Darren LaCroix 题目为“Ouch（痛）”的演讲，他要传递的信息是：Move Forward（不断前进）。他在演讲中列举自己在前进中不断跌倒，然后因为疼痛不断放弃的故事，结果一事无成。后来他想到，很多伟人曾经比他摔得还要痛，但没有像他一样随便放弃，而是爬起来，继续向前，最终获得举世瞩目的成就。最后他领悟到，痛是我们成长的必需，每次摔倒并爬起来的这个过程，本身就是一次前进。

③ Delivery（呈现）

信息有了，内容也有了，那我们该如何把它们诠释好呢？这就需要肢体语言和语音语调了。

世界冠军们往往会设计流畅的肢体动作和抑扬顿挫的语音语调，这就是“演讲”中的“演”。2003 年的世界冠军 Jim Key 传递的信息是“It's never too late to follow your dream（追求梦想从来不晚）”，他为这个信息设计的肢体语言是对应"It's never too late to follow your dream"的手语，信息和手语在演讲过程中重复了好几遍，在演讲的结尾处他没有说话，而是使用手语。全场观众都跟着 Jim Key 的手语节奏，大声说出了这个信息，精妙至极。

而 Darren LaCroix 每一次说到"Ouch"时的语调都可以让观众切身感受到他的疼痛。他设计了一个跌倒动作，在演讲的开头部分整个人跌倒在地，观众不明白为什么，在完成主干部分的演讲后，他在结尾处再次跌倒，然后慢慢爬起，告诉大家，从跌倒到爬起，我们已经向前迈了一步。

“Message，Content，Delivery，这就是 MCD 法。”

“太棒了！太感谢了！”王闯感觉这个 MCD 法有点类似于子涵讲的金包骨法，不过侧重点不同，一样精彩实用，王闯情不自禁地为 CZ 鼓起了掌。

“别跟我这么客气，谁叫我喜欢你呢，在头马界，能被我看上的只是凤毛麟角，荣幸吧你？”

“太荣幸了！除了我，还有谁能入您的法眼呢？”

“还有一个，叫万彼得，他的老婆你应该听说过，叫孙小小。”

第 26 章
醉生梦死

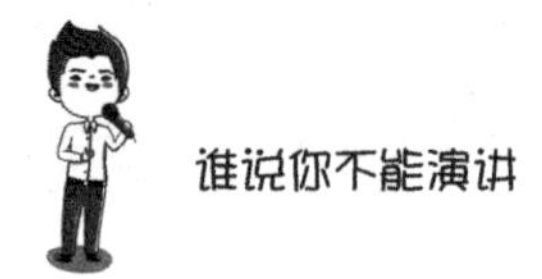

“孙小小？我好像听说过，是不是一位资深头马会员，还写过一本书？”

“没错，《PPT 演示之道——写给非设计人员的幻灯片指南》就是她写的。不过，我更喜欢她的老公！”

“她老公也非常优秀？”

“那当然了，你想不想听听他们的故事？”

“非常期待！”

“孙小小第一次来头马时坐在一位男会员旁边，这位男会员就是万彼得。万彼得不苟言笑，两个人坐一起两个小时愣是一句话没说。后来，万彼得获得了上台演讲的机会，他在台上还没开口，观众就开始笑，他一开口，观众已经笑得捂肚子了。于是小小得出结论：观众缘跟相貌的难看程度成正比。不过，对于这个结论，我一直和小小有争论，我觉得万彼得长得挺帅的，而且非常帅。”

“后来呢？”

“后来，我来晚了，他们两个捷足先登了。”

王闯发现此刻的 CZ 有点醉生梦死的感觉。

“CZ，我有点糊涂了，你到底跟万彼得是什么关系啊？”

“往事不要再提，人生已多风雨……”

CZ 用缠绵悱恻的歌声回答王闯，声音好似仙逝的哥哥……

“那我不提了。我特别喜欢你培训时用的 PPT，要不你教教我做好 PPT 的方法？”

王闯又换了个话题。

“可以！我把孙小小没在书里写出来的东西教给你。”

“太好了！”

“我要教给你的，不是 PPT 制作方法，而是理念，**BMW 理念**。”

“嗯，别摸我。”

“我还没来得及摸呢！”

① B是Big，表示使用超大字符

PPT的目的是辅助演讲，为了起到最佳辅助效果，我们应该让每一页的作用最大化。我跟史蒂夫·乔布斯一样，不喜欢把文字敲进PPT，因为观众看到文字后的第一反应就是去阅读、去理解，这样会分散观众对演讲的注意力，导致大家既没看明白文字内容，又错过了我的演讲。所谓Power Point，就是既要有Power，又要有Point。如果不得不使用文字呢？我会让这些文字很容易理解，方法是尽量减少单页上的文字数量，并使用100磅左右的超大字符，占满一整页！文字少了、字号大了、视觉冲击更强了，观众就会看得更舒服，演讲效果也相应会更好。

② M是Media，表示使用多媒体

你应该已经发现了，我的PPT里几乎全是图片和视频。同样的内容，用文字描述可能需要几十或者上百字，但可以用一张简单的图片来概括。我们的左脑负责处理文字信息，右脑负责处理图形图像，观众对多媒体内容的理解和记忆要远远优于文字信息。本着对观众负责的原则，我们还是尽可能多地使用图片和视频吧。当然，在使用图片和视频的同时，可以通过简单的文字来辅助。

③ W是WOW，表示做出让观众张嘴惊叹的PPT

制作出一份PPT和准备一篇演讲一样，需要提前构思好，以尽可能多地抓住观众的眼球。我推荐你一个叫Prezi的PPT专业制作网站（prezi.com），可以免费在线制作非常酷炫的PPT，它的跳转翻页效果令人啧啧称奇，制作方式很简单，非常容易上手。

如果有条件的话，我建议你使用Keynote，不仅幻灯片做得更精美，还能通过蓝牙用手机轻松遥控Keynote的播放，一定会给观众WOW的感觉，翻页笔什么的跟它比简直弱爆了。

“好的，原来PPT也可以做得如此有趣味性，我现在就想设计个PPT出来了。”

“你以后有的是机会设计PPT，现在先把精力放在准备演讲比赛上吧。说句心里话，我能看出你身上有股夺冠的潜力，这一路我会一直陪你，直到你走上全国的演讲舞台。”

听完CZ的心里话，王闯很感动，但总觉得CZ有种怪怪的感觉。

第 27 章

一鸣惊人

一个阳光和煦的午后，王闯将两位助理带到位于浦东新区的世纪公园，找了一块大草坪，三个男人席地而坐，没有芥蒂、没有政治、没有上下级关系，像家人一样畅聊。

王闯设定好主题后便开始认真倾听，时不时地点头鼓励，两位助理先是抱怨了之前的工作，然后慢慢回归主题，提出了很多真知灼见，王闯对助理们的意见进行总结和补充。很快，团队找到了共同的方向，拧成一股绳，充满战斗力。

两位助理找到了久违的融入感和使命感，忙得风生水起，不亦乐乎。王闯也感觉到，好的领导，需要让正确的人开心地做正确的事。他自己的压力依然不小，时间越来越紧了，供应商联系了不少，但还都无法提出完美的成套解决方案，再往后拖的话，交货期也会是个问题。王闯试着把自己的思维格局扩大，从国内扩大到国际，从单边合作扩大到多边，在全球范围内解决问题。

让王闯感到压力的不仅仅是 D 项目，还有周末要做的防抢演讲，听说市里领导非常重视此次活动，宣传部邀请了东方卫视的记者进行采访，还有资深培训师来做安全培训。

从得知这一消息开始，王闯的心脏就开始加速跳动，他想通过转移注意力来减缓紧张，先是转移到演讲比赛，还是紧张；转移到公司周年庆，更加紧张；最后转移到子涵，王闯紧张的情绪慢慢平复了下来，他想起了那晚帮子涵制服黑影的过程，想起了初遇子涵时的那一袭红裙，想起了子涵教给自己的点点滴滴，想起了子涵带给自己的成长……

子涵，还记得这个防抢演讲吗？还记得这个演讲是你为我接下的吗？还记得你应该坐在第一排听我的演讲吗？子涵，你到底在哪里？安不安全？开不开心？我想你。王闯的眼眶湿润了，他抬起头，没有让眼泪掉落下来。

防抢活动在可容纳 500 人的大礼堂举行，王闯一进门就看到几台硕大的摄像机虎视眈眈地站在会场前方，他想起曾经给高中同学录过一段生日祝福，短短两分钟的录像，NG 了 50 多遍，差不多够这位同学过一辈子生日了。已经很有成长经验的王闯知道，这又是一次经历沧海的绝好机会，被这么多台专业摄像机“蹂躏”后，再回家录像就不会如此 NG 了。

王闯通过不断的深呼吸来调整状态，调整间，有一位似曾相识的叔叔从他的身旁走过，这种感觉是如此熟悉，却怎么也想不起来到底在哪儿见过。

伴随着热烈的掌声，活动正式开始，第一个环节是传统节目：领导读稿。此处省略 7500 字……

随着主持人的再度上台，台下的观众纷纷从睡梦中苏醒过来，有些观众的嘴角上还挂着口水，睡得是有多香啊！

“感谢领导的精彩发言！”

主持人说得对，领导的发言都是精彩的，就像救美的都是英雄。王闯又想到了子涵……

“接下来的环节是安全培训，有请著名培训师孟建生。”

掌声再度响起，培训师迈着稳健的步伐走上讲台。这不是刚刚在我身旁走过的那位似曾相识的叔叔嘛？王闯坐在第一排，讲台上的人和事可以看得一清二楚。这位培训师长得也太像、太像子涵了……怪不得有种似曾相识的感觉。记得子涵曾说过她的父亲是名培训师，孟子涵、孟建生，同姓，难道子涵特意邀请爸爸亲自来做一场公益培训？王闯那颗本来就跳动异常的心彻底失去了跳动的章法，一会儿跳得很快、一会儿跳得很慢、一会儿干脆不跳。没办法，跟未曾相识却早已崇拜已久的“准丈人”同台，这种感觉，谁经历谁知道！

“各位领导，各位新老朋友，大家下午好！”

掌声和欢呼声瞬间响起。

孟叔叔果然名不虚传，声音抑扬顿挫、铿锵有力，一下子让准备睡个回笼觉的观众们彻底清醒过来。他和 CZ 一样，采用全场互动的方式让观众参与进来，通过引导来让观众更好地吸收养分。王闯看明白了培训和演讲的主要区别，培训以引导为主，观众是主角，而演讲的主角是演讲者。王闯想：如果在演讲中加入一些培训的互动技巧，效果岂不更好？

孟叔叔的培训在热烈的掌声中告一段落。这个培训的确精彩，而王闯却只能感觉到精彩，内容基本没听进去。暑期社会实践宣讲会的临阵脱逃历历在目，婚礼司仪的邀请声响彻耳畔，一次又一次的演讲尴尬仿佛就在昨天……经过几个月的不懈努力以及演讲高手们的轮番指导，今天，就是王闯交出第一份答卷的日子。

“接下来，就是本次活动的最高潮。相信大家都听过英雄救美的故事，就在四个月前，就在咱们这个社区，同样发生了一个英雄救美的浪漫故事。下面，让我们用最热烈的掌声，有请我们的大英雄，王闯。”

王闯略显羞涩地登场，跟主持人亲切握手，给人非常谦逊和低调的感觉。

王闯这个演讲想要传递的信息是“关爱自己，更关爱他人”。他采用故事开场方式，声情并茂地讲述了当天晚上抢劫事件的经过，一下子把大家的兴趣调动起来；主干分三个部分层层递进，分别是治安现状、抢劫方式以及如何防抢，其间邀请台下观众上台做互动演示；结尾处，王闯分析了发生抢劫的核心原因，回归人性本善，呼吁社会关注边缘人群，多给他们一些关爱，挽救更多人于犯罪的边缘，整个演讲在结尾处上升到了一个新的高度。

这是一篇充满大爱的演讲，同时用上了峰兄教的幽默技巧以及 CZ 教的肢体语言技巧，还做了一个 BMW 风格的 PPT，观众听得过瘾，看得更过瘾，既开心、又感动。

雷鸣般的掌声在演讲结束后瞬间响起，经久不息，这就是王闯交出的第一份答卷，漂亮！

王闯被授予见义勇为先进分子称号，司仪送上一束漂亮的鲜花，市领导亲自为他颁奖。

享受到压力释放后强烈快感的王闯，迈着轻松的步伐走下了讲台。

“王闯你好，我是孟子涵的父亲。”

“您好，孟叔叔。”孟叔叔平易近人，让王闯感觉没有任何距离感。

“你帮了我的女儿，我可得好好感谢你啊。”

“孟叔叔您千万别跟我客气，您知道吗？咱们还是亲戚呢，子涵和我是在她表姐和我表哥的婚礼上认识的。”

“这真是太巧了，可惜婚礼那天我临时有事没能参加。这样，一会儿来叔叔家里坐坐吧，我打电话叫你阿姨烧几道好菜。”

“啊？这个，这个不太好吧？”

王闯下意识地推辞，刚刚经历完沧海的他竟然紧张了起来，他无比期待能看看子涵的房间，翻翻子涵的相册，哪怕是闻一闻子涵的气息……这算是毛脚女婿上门吗？柴昆昆有没有向子涵妈妈告密？王闯的心理舒适区在此刻遭到了强烈的挑战。

“别推托了，叔叔还有份礼物要送给你，咱们走吧。”

王闯想起子涵的话：当你纠结去与不去时，那就去；当你纠结做与不做时，那就去做。

第 28 章

抑扬顿挫

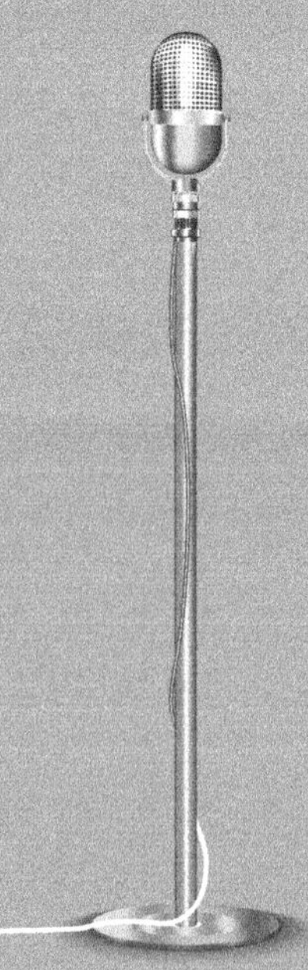

王闯坐上了孟叔叔的车，向子涵家驶去。

车开了一会儿，王闯看到了那个地铁口，那个曾经制服黑影的地方。

“孟叔叔，您能靠边停一下吗？”

王闯下车，朝地铁口跑去，并很快跑了回来。

“你买这么多玉兰花干吗？”

“今天是第一次拜访叔叔阿姨家，很唐突，也没时间准备像样的礼物，子涵跟我说玉兰花是您家里开心的象征，我就都买下来了。”

“小闯，来叔叔阿姨家就跟来自己家一样，以后不许再破费了。”

“好的，孟叔叔。”

子涵一家人住在老式公房里，整个小区看上去有些陈旧，但房间里打扫得干净整齐，装修风格精致典雅。

“老孟回来了，这位就是救了涵涵的小英雄吧？”

子涵妈妈到门口迎接。

“阿姨好，您叫我小闯就行。今天冒昧打扰，也没来得及给您挑选礼物，这束花儿是今天市里领导送的，我想把它送给您；这些玉兰花是我刚刚买的，也送给您，希望您能喜欢。”

“这束花儿真漂亮啊，不过，阿姨更喜欢你的玉兰花，谢谢你。你们先换鞋吧，来小闯，这双是给你准备的。”

从阿姨对自己的热情度来看，柴昆昆履行了承诺。王闯有些诧异，这位热情的“准丈母娘”完全不像传说中的“上海丈母娘”嘛，心想，是自己撞大运了？还是“上海丈母娘”只是个传说？

王闯进门后发现，客厅的茶几上堆满了糖果。

“家里怎么放这么多糖啊？”

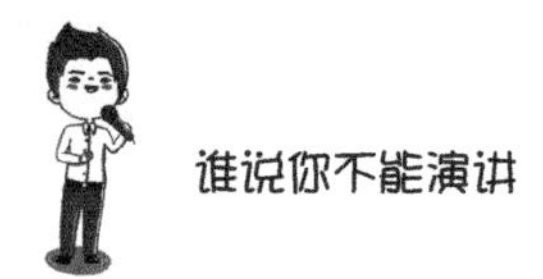

“阿姨昨天参加了一个铺张浪费的婚礼，光是糖钱就花掉几十万元，后来吃不完，只能打包回家。你随便吃啊，都是瑞士空运过来的，挺好吃的。”

王闯看到一个糖果盒子上面的名字，不禁一惊，新郎：柴昆昆。

“阿姨，您参加的是柴昆昆的婚礼？”

“是啊，你认识他吗？”

“听子涵提起过，没听说过他有女朋友啊，怎么突然就结婚了？”

“我也觉得很突然。你知道吗？昆昆一直在追求我女儿，可涵涵就是放不下过去那段感情，没答应跟他在一起。前些天涵涵一个人旅行去了，昆昆变得郁郁寡欢，整天泡在酒吧里，结果，酒吧里的一个小姑娘怀上了他的孩子，只能奉子成婚了。”

“原来是这么回事。那子涵为什么一直放不下过去那段感情呢？”

“这个……”

“你先去准备饭菜吧，我和小闯聊聊。”

阿姨像是被触到了忧伤的心弦，静静地走开了。

“小闯啊，你别介意，这个事我们很少在家里提。子涵的男朋友在台湾长大，两人谈了三年恋爱，本来已经准备结婚了，就在一年前，他回台湾探亲，意外出了车祸，哎，天妒英才啊！”

孟叔叔提起往事难掩悲痛，可见他已经把子涵的前男友当成自己的亲儿子来看待了。

“后来我们一家人提出到台湾送他最后一程，却被他的家人断然拒绝，说我们的女儿克夫，这辈子再也不想见到我们。女儿失去了爱人，还要遭受这样的无端指责，很受打击，直到今天，依然放不下。”

王闯对子涵前男友发生车祸的事唏嘘不已，但他没想到现在还有人提克夫这种无稽之事。

“哦，差点忘了，叔叔有个礼物要送给你。”

孟叔叔起身，从书房取了一套光盘回来。

“这套光盘应该是涵涵留给你的，里面夹着一张纸，上面有你的名字。”

王闯接过光盘，是一整套《老友记》DVD，取出夹在里面的白纸，上面点缀着娟秀而大气的文字，内容是“王闯、王闯、王闯、王闯、王闯……”共19个，纸的背面是另一个名字“Tom”，共20个。

“Tom就是涵涵的前男友。”

王闯感觉到子涵对自己有好感，可是还放不下过去那段感情。

“你今天的演讲非常精彩，也是头马演讲俱乐部会员吧？”孟叔叔看气氛有些凝重，换了个话题。

“是的，孟叔叔，您过奖了，跟您的培训比，我的演讲绝对是班门弄斧了。您愿意做我的Mentor吗？”

“可以啊，正好有个建议给你。”

王闯再次感受到吸引力法则的作用，在他持续成长的旅途中，不断得到高人的指点。

“你的音色很好，但你有没有发现你的语音语调有些平？而且，少了点力量？”

“发现了，我特别喜欢您的语调，怎样才能做到像您一样呢？”

“我教你3个成语：抑扬顿挫、轻重缓急、气势如虹——

抑扬顿挫把这个成语拆分开，就是“抑、扬、顿、挫”。

抑，即压低语调，往往被用于引起关注和制造悬疑，比如说：来，我告诉你一个秘密。

孟叔叔把音调压得很低，王闯本能地想把身体挪到孟叔叔身边听秘密，尽管他知道那只是个例子。

扬，即升高语调。语调高，能量就强，因此高语调往往被用在激励演讲中；排比句也有增强演讲能量的效果，所以，排比句结合升高语调，会让演讲的能量特别强大，这也是奥巴马一直使用的演讲技巧。

顿，即停顿。停顿在演讲中非常重要，它可以给观众理解、深思、发笑和鼓掌的时间，还能引起观众的注意力。史蒂夫·乔布斯在介绍新产品时，每隔几句就会停顿一次，给台下观众充足的时间去惊叹、去鼓掌，效果非常好。

挫，挫的意思是语势在积累到一定程度时，强转折。比如郭德纲的相声，在一开始铺垫情节时往往比较抑，在冲突加剧时则会加快语速，声音扬起来，在能量彻底爆发时抖出笑点，气氛随之达到高潮。

这就是抑扬顿挫，需要注意的是：

如果你的语调一直压得很低，观众很容易走神，甚至睡着；

如果你的语调一直高昂，你自己会很累，观众也会跟着你一起受累；

如果你每说几个字就停顿一次，观众可能以为你忘词了。

所以，最重要的就是语言语调的变化，也就是抑扬顿挫，而且声音偏抑的时候可以抑扬顿挫，比如柴静就是这个风格；声音偏扬的时候也可以抑扬顿挫，比如马云就是这个风格。

轻重缓急：这个成语也可以拆开，即轻、重、缓、急。

轻，即音量轻。往往配合低音调来使用，比如给宝宝讲故事。

重，即音量重。讲话的时候腹部用力，能量很强，像军人喊口号，给人一种自信有力之感。

缓，即语速慢。语速慢可以让观众有更多的时间来理解演讲内容。

急，即语速快。语速快可以增强演讲的能量，结合排比句和高音调，可以让演讲的能量极强。

“练习前我再教教你如何使用丹田发声以做到**气势如虹**，这是做好抑扬顿挫和轻重缓急的关键。”

“孟叔叔，我现在每天坚持跑步、每周去练瑜伽，肺活量不成问题，但我好像还不太会使用丹田来发声。”

“很好，你有运动基础，肺活量大，可以学得更快。我来教你两招——

① 第一招：芮克式呼吸法

“芮克式呼吸法是由弗洛伊德的学生芮克创建的，也是一种深呼吸，但跟你在瑜伽课上做的深呼吸完全不同。芮克式呼吸除了可以帮你调节气息外，还能让你的生物能顺畅流动，大大缓解压力。”

“听起来很神奇哦！”

“确实很神奇，来，平躺在地毯上，叔叔引导你做一遍芮克式呼吸。”

王闯配合孟叔叔的指令平躺在地毯上，双手随意放在身体两侧，膝盖弯曲，小腿与大腿之间呈90度弯曲，两腿之间留有一个拳头宽的距离。此刻的王闯非常放松，将全部注意力放在了自己的呼吸上，张开大嘴来回吐纳，每一次吸气都非常满，首先填满腹部，然后填满胸部，吸满之后把气以最快速度全部吐出。王闯大口大口地吐纳着，时不时还会发出类似叹气一样的声音。持续15分钟后，孟叔叔把王闯叫了起来。

“你的芮克式呼吸做得非常标准，感觉怎么样？”

“呼吸时有一种陶醉和投入的感觉，现在手指和脑袋有点麻，不过总体感觉很舒服。”

“非常好，身体发麻就是生物能开始流动的标志。这个方法教给你了，建议你每天坚持做 15 分钟，很快就会感觉身体越来越轻松，越来越有能量，中气也会越来越足。”

“好，我一定坚持！”

② 第二招，CI、HE 练习法

“这个方法简单有效。来，先跟我一起用足力来发‘CI’这个音。”

“疵、疵、疵 、疵。”

“有什么感觉？”

“我明显感觉腹部在收紧。”

“非常好！再跟我一起用足力发‘HE’的音，注意，只出气，不发声。”

“HE 、HE、 HE 、HE。”

“这两个声音就是通过丹田之气发出的，发声的过程可以很好地锻炼你的膈肌，也就是呼吸肌。”

“明白！”

“我带你做几个练习吧！丹田运足气，一口气大声地读完下面这段内容。”

河里游着好多鱼，看你能数几条鱼。

一条鱼，二条鱼，三条鱼，四条鱼，

五条鱼，六条鱼，七条鱼，八条鱼，

九条鱼，十条鱼，十条鱼，九条鱼，

八条鱼，七条鱼，六条鱼，五条鱼，

四条鱼，三条鱼，二条鱼，一条鱼。

王闯把气吸满，一口气将其读完，彻底找到了用丹田发声的感觉，非常畅快。

“接下来，丹田运足气，腹部用力，像军人一样，用重音读出这段绕口令。”

八百标兵奔北坡，

炮兵并排北边跑。

炮兵怕把标兵碰，

标兵怕碰炮兵炮。

王闯运足了气，腹部用力，声音洪亮，顺利地读完了这段绕口令。

“非常好！来，再加入些停顿。”

八百 | 标兵 | 奔北坡，

炮兵 | 并排 | 北边跑。

炮兵 | 怕把 | 标兵碰，

标兵 | 怕碰 | 炮兵炮。

王闯按照2、2、3的结构将每一句断开，读起来明显感觉比上一次有节奏感。

“下一个练习，你看‘为什么’这句话。”

王闯在孟叔叔的指导下试着读出不同意思的“为什么”。

正常语调和语速讲“为什么”，就是一个简单的疑问；

语速放慢，再加一点颤音，为~什~么~，是恐怖的感觉；

把“什么”两个字读成三声“Sen”和二声“Mo”，是撒娇的感觉；

轻柔讲，把“么”拖长，是委屈的感觉；

加重讲，把“么”拖长，是愤怒的感觉；

把“为”字加重，大声地讲“为什么”，是批评的感觉；

把“为”字加重，轻柔讲“什么”，语速放慢，有种悬疑的感觉；

一句简单的“为什么”，竟然读出了疑问、恐怖、撒娇、委屈、愤怒、批评、悬疑的感觉，王闯觉得太不可思议了。

“同样是三个字，‘我爱你’，把重音分别放在每个字上，体会一下意境是否相同？”

王闯分别试了一遍。重音放在“我”上，重点是：爱你的人是我，不是别人；重音放在“爱”上，重点是：我对你浓浓的爱；重音放在“你”上，重点是：我爱的不是别人，而是你！

“精彩啊！语音语调绝对是一门大学问啊！”

“把语音语调拿捏到位，会让你的演讲大为增色！最后做个综合练习吧，朗诵一首李白的《将进酒》，注意抑扬顿挫、轻重缓急和气势如虹。”

君不见／黄河之水／天上来，奔流到海／不复回。

君不见／高堂明镜／悲白发，朝如青丝／暮成雪。

人生得意／须尽欢，莫使金樽／空对月。

天生我才／必有用，千金散尽／还复来。

……

王闯一口气朗诵完这首《将进酒》，越发体会到声音艺术的美妙。

“今天练习的时间有限，最适合你的练习场所，不用我多说了吧？”

“是的，孟叔叔，我有头马。”

王闯的到来给子涵缺席的家带来了许多快乐，确实像子涵说的，玉兰花是家里开心的象征。也许在不久的将来，家里可以增加一朵象征开心的男人花——王闯。

三个人吃完美味的饭菜后围坐在沙发上，电视里正放着江苏卫视的《非诚勿扰》。

阿姨：“在这个爱情速配的时代，离婚率的增长在所难免啊。”

孟叔叔：“那当然了，夫妻之间一定要有共同的经历，才能走得长远。”

……

王闯在一旁静静地聆听叔叔阿姨之间的对话，心想：长辈们在结婚时一穷二白，却能白头到老；现在物质丰富，不用说七年之痒，能坚持七个月的就算不错了。如果遇到那位可以跟自己有共同语言、有共同追求、彼此成就的人，就做出选择吧；如果做出了选择，就坚持选择吧！

结束了充实的一天，王闯躺在床上回想着这段时间的经历，就像做了一系列的梦，而这些梦又紧紧地牵连在一起。没有哥哥的婚礼，就不会寻求改变；没有寻求改变，就不会和子涵产生交集；没有和子涵产生交集，就不会遇到这么多的人和事；没有遇到这么多的人和事，就不会有这么多的成长。人生很是奇妙，只要你敢迈出那一步，谁也无法阻挡你成长。

后面还有很多事要做好，演讲比赛、D项目、周年庆主持、马拉松长跑……睡个好觉吧，王闯已经爱上了每天睁眼后就充满激情的感觉。

第 29 章
舌战群儒

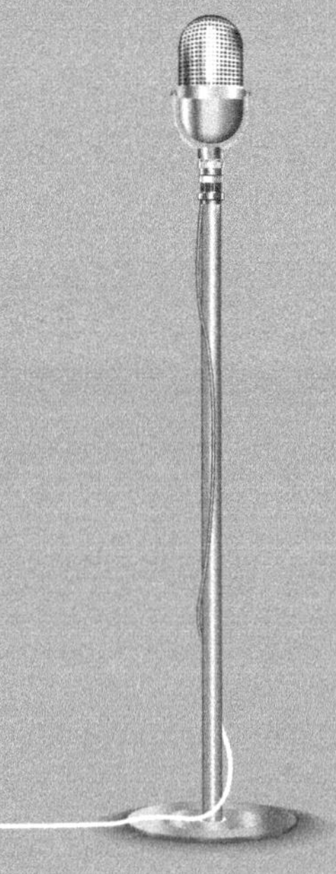

春天的阳光温柔而含蓄，抚摸在脸上的感觉就像热恋女友的纤纤玉手。那什么抚摸在脸上的感觉像老婆的手呢？沙尘暴？

上海的天气像抽了风一样，昨日阳光明媚，今日沙尘漫天。天津出生的王闯是在沙尘暴中长大的，曾经沙海的他早已适应了沙尘暴的亲吻。可这天气却苦了来访的跨国供应商团队，王闯曾听一位马来西亚朋友讲过，说他在马来西亚时鼻屎是白色的，来到中国后就变成黑色的了，王闯无法考证也不想去考证，但还是很感激这些从数十家供应商中挑选出来的谈判代表们，他们冒着鼻屎被染色的风险诚心来访，而他们，也决定着 D 项目的成败。

D 项目对技术的要求非常之高，任何一家供应商都无法以一己之力做好成品。王闯的国际合作战略初现端倪，他最终选定了一套方案，由来自美国、德国和韩国的三家供应商分别负责三种最核心配件的生产，最终由一家中国的工厂完成加工。

王闯将此次谈判分解成三天。给四家供应商代表各分配半天时间来进行单边谈判，第三天为多边联合谈判。王闯担任采购方谈判代表，David 全程督导。谈判开始前，David 和王闯达成共识，此次的谈判重点是：产品第一、交货期第二、价格第三。

王闯用流利的英语为每家供应商做了 30 分钟的项目介绍，从过去、现在和将来的三个时间维度详细阐明 D 项目对于本公司和供应商的战略意义，配合精致的 PPT，供应商代表们听得热血沸腾。David 在下面不停地点头，他能看出王闯的用心，小伙子跟自己几年了，以前总是毛毛躁躁、不求上进，如今，他能明显看到王闯在态度和能力上的改变，对王闯的评价也由过去的“so so”升级为现在的“WOW”！

谈判的第一策略是知己知彼。在谈判开始之前，王闯没有像“社会自我

中心主义者”一样凭空想象对方的利益诉求，而是对所有供应商进行细致调查，在谈判开始前，他已经对谈判对手的情况了如指掌。

这几家供应商都是家族企业，技术实力很强，资本更是充沛到无须上市融资的地步，但他们的麻烦也不小，本国经济放缓导致需求跟不上，更糟糕的是，他们在本土的市场份额正遭到跨国集团的不断蚕食，急需开拓海外市场以扩大销量。

王闯分析，我方的核心优势是在中国市场的成熟销售渠道。跟我方合作，就等于进入了中国这个具有极大潜力的新兴市场。知己知彼的王闯由此得出结论，尽管 D 项目对于技术的难度要求极高，尽管这个单一项目的总金额不是很高，我方依然占据着绝对的谈判优势。

王闯在谈判过程中不断给对方施压，他采用竞争策略，告知我方的备选方案，让对方的神经紧张起来，对项目的重视程度被进一步拉高。

在谈到样品交货期时，其中一个供应商给出的方案是三周交货，王闯采用谈判大师罗杰 · 道森在《优势谈判》一书中提到的“钳子策略”，只回了一句“你们可以更快”，对方便沉默不语。供应商代表在与总部沟通后，提出两周内完成样品的第二方案，“你们还可以更快，一周没问题。”王闯继续沉默，这次使用的是“钳子”和“提高预期”双重策略，最终，供应商给出在十天内完成样品的最终方案，这时，王闯很放松，但谈判代表们的后背已经湿透了。

三天的谈判圆满结束，各方达成共识，共同签订合作意向书，合作以中国工厂为圆点辐射美、德、韩工厂的形式展开，美、德、韩三方需在十天内完成产品打样，通过 Fedex 寄往中国工厂进行最终打样，样品通过后，各方签订正式合同。

多日来的努力终于迎来了希望的曙光，David 给了王闯极高的评价，并嘱咐他不能大意，一鼓作气。

王闯给在天津的妈妈打了个电话，不知为什么，他就是想听听妈妈的唠叨。爱儿子的妈妈也不负众望，接通电话后就开始唠叨：儿子啊，吃饭了没？累不累？开不开心？有女朋友了吗……

王闯一边听，一边乐。小时候他最烦妈妈的唠叨，可长大后，却爱上了这样的唠叨，妈妈的唠叨让他感到全身温暖。对啊，何不把妈妈的唠叨写成中文比赛的参赛演讲呢？王闯已经学到了演讲的诸多技巧，可这些只能构成整个演讲的骨架，能让骨架拥有鲜活生命的，是内容，是演讲者自己经历的真实故事。

英文演讲比赛更加重要，因为只有这项比赛的全国冠军才能代表中国到美国参加世界演讲比赛。三思之后，王闯决定以自己这段时间的改变为蓝本写出一篇英文比赛演讲稿，题目叫 Dare to Change（敢于改变）。

第 30 章

旗开得胜

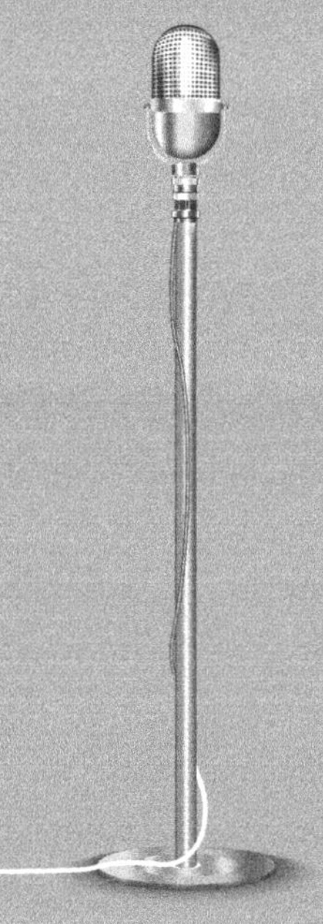

今晚的双语话剧头马俱乐部灯火辉煌，会场内的所有灯光都被打开，连投影仪的大灯都附和着亮了起来，紧张激烈的俱乐部级别演讲比赛即将开始。

台上一分钟，台下十年功。王闯把多日来学到的演讲技巧倾注到了参赛演讲中，明确的演讲信息、清晰的演讲结构、真实的幽默故事，金句、包装、骨架，同时设计了丰富的肢体语言和语音语调，用思维导图将演讲脉络画出，并用视觉思维模拟训练。王闯信心满满，他现在心理舒适区的范围已不可同日而语，这样的场合，只会让他有一点点的紧张感，而这种紧张感刚好让他兴奋起来。

谢恩一改往日的休闲风格，改穿黑色笔挺西装、白色衬衫，搭配亮黄色领带，头发很明显被精心打理过，整个人焕然一新，给人势在必得的感觉。王闯看到充分准备的情敌，再看看自己身上的一身休闲装，压力大增，在气势上先败给了谢恩。

按照规定，选手的上场顺序由抽签决定。这个抽签顺序很有讲究，平均每个演讲时间是 7 分钟，一共 8 位选手，加上给评委打分的时间，总时长需要一个小时以上，在这个过程中，评委难免会出现情绪上的波动，而情绪波动就会导致打分尺度的不同。抽到第一个出场的选手几乎就等于跟冠军说再见了，最有机会获得冠军的是最后两位选手。

比赛的先后顺序为中文演讲比赛、即兴演讲比赛、英文演讲比赛，全部比赛谢恩和王闯都报名了。王闯的运气还算不错，抽签顺序为 2、4、4，谢恩的运气极好，抽到 1、6、8，在抽签上，王闯再次输给了谢恩。

因为报名中文演讲比赛的只有王闯和谢恩，两人提前晋级，只需要区分冠亚军而已。

比赛即将开始，会场内响起了皇后乐队的经典名曲。

“We are the champions,my friends,and we'll keep on fighting till the end.（我们都是冠军，我的朋友，我们要战斗到底。）”

音乐是有情感的，它可以直抵人的心灵，让紧张沉闷的赛前气氛被彻底点燃。选手们像即将上场的战士，斗志昂扬；观众们则像等待战士凯旋的亲友，热血沸腾。

“We are the champions,We are the champions,no time for losers,cause we are the champions of the world.（我们是冠军，我们是冠军，这世界不属于失败者，因为我们是世界之王。）”

随着激昂音乐的戛然而止，今晚的比赛正式开始！峰兄担任本次比赛的主持人，他详细介绍完比赛规则后，号召所有观众起立，鼓动观众一起演练如何热烈鼓掌、如何放声大笑、如何惊声尖叫。掌声、欢笑声、惊声尖叫声，此起彼伏，比赛尚未开始，已提前进入高潮。

互动结束后，峰兄突然把声音压低，关上了所有的灯，此时，唯一的发光体只剩投影仪投出的那一小片光。观众纷纷猜测其中玄机，有人觉得这是第一位参赛选手要求的特效，有人觉得此时此刻应该点几支蜡烛才能烘托出如此和谐浪漫的气氛，还有些男观众觉得应该尖叫几声以示自己的存在。果然，尖叫声开始响彻整个会场，原来大屏幕上开始放一段视频，正闭着眼睛通过视觉思维练习演讲的王闯听到了视频中传来的声音，他的心有如被电击一样，全身轻微痉挛，下意识地睁开了眼睛，这一刻，他忘记了演讲比赛、忘记了自己身在何处、甚至忘记了自己是谁，他只知道，屏幕上的女孩儿，是他的恩人，是他牵肠挂肚、朝思暮想的，子涵！

大家都很想念子涵，尖叫声越来越响，以至于无法听清子涵讲话的内容，峰兄赶紧打断了亢奋的观众，等大家安静下来后，重新播放了这段视频。

“各位家人，晚上好，首先跟大家说声抱歉，因为感情原因不辞而别，请原谅我没有履行好主席的职责；其次，恭喜并感谢新当选的官员们，因为你们，俱乐部才得以健康地运转下去；最后，祝所有选手在今天晚上的比赛中发挥出水平。你有实力冲击世界冠军！我现在一切都好，请不用担心。”

当王闯翘首等待更多的信息时，屏幕已经黑掉了，观众们热烈鼓掌。没有鼓掌的只有黯然神伤的王闯，和在另一边盯着他看的，谢恩。

“你有实力冲击世界冠军！我现在一切都好，请不用担心。”

这句话是对我说的，一定是对我说的！你一切都好，我就放心了！王闯内心无比激动。

高潮迭起的开场结束，中文演讲比赛拉开序幕。谢恩的演讲题目是《跳》，前 2/3 部分调侃自己的一系列老板们以及自己悲催的跳槽经历，非常搞笑，把现场气氛推向了新的高潮，后 1/3 笔锋一转，转向思考人生，思考自己不断跳槽背后的原因，原来，自己是为了钱而选择工作，而不是为了兴趣而选择。最后告诉观众，根据兴趣来选择，三思而后跳。

毫无疑问，这是一个极具水准的演讲！

谢恩的精彩表现让王闯感受到了更大的压力，观众的期望值已经被谢恩拉得很高。

反正中文比赛已经铁定晋级，不要紧张，输就输，就当为后面的两项比赛热身了，王闯在心里安慰着自己。他的题目是《听妈妈的话》，也采用前 2/3 搞笑和后 1/3 升华的结构，本来笑点也不少，但由于紧张导致他的整个身体都很紧，笑点效果没有出来，尽管如此，观众还是被他讲述的母爱感动了。

第二项是即兴演讲比赛，每位选手的题目都一样，每人的回答时间是 1~2 分钟。题目是峰兄出的，有点血腥：“如果你必须在砍掉自己的两只耳朵、两

只手或两条腿中做个选择，你选择哪个？”

除了一位女选手和谢恩外，所有人都回答选择砍掉双手，但理由各有不同。有人说砍掉双手的机会成本最少，能听见、能走路比能用手更重要；也有人说市场经济被无形的手控制着，就算自己没有了双手，也会有一双无形的手让自己顽强地活着。

有位胆小的女选手说她不要砍掉身体的任何一部分，因为妈妈不会同意的，然后照应王闯《听妈妈的话》的片段，论证自己应该听妈妈的话，讲得倒是不错，可惜跑题了。

谢恩的回答很现实，也很有高度，他选择砍掉自己的双腿，因为他是个软件工程师，工作需要用耳倾听、用手编程，不怎么需要腿。在演讲的最后，他用一句话把演讲升华，他说：“我一定要留住耳朵和双手，倾听世界，用自己的双手为世界编写出最棒的程序。”

王闯参加完中文演讲比赛后已经适应了当晚的气场，也彻底放松了下来，他选择砍掉双手，因为他要去寻找！而寻找的过程，最需要用耳朵去倾听、用双腿去丈量，总结时，王闯动情地说：“我有一位恩人，也是我深爱的人，她去了一个很远很远的地方，我要靠自己的双腿去寻找她，即使走到天涯海角，即使已经失去了双臂，我也会义无反顾地，去找到她。”

观众们似乎从王闯的演讲中读懂了什么，用惊声尖叫的方式鼓励王闯。

激烈刺激的即兴演讲比赛结束后，紧接着是最激烈最刺激的英文演讲比赛，为了代表祖国到美国参加世界演讲比赛，选手们摩拳擦掌，立志要把最好的自己倾注到演讲之中。

果然，选手们各个实力不凡，谢恩和王闯之间的恶战更是趋于白热化。谢恩在演讲中传递的信息是尝试新鲜事物，让人印象最深的故事是他第一次去

KTV 的经历。谢恩说自己的歌声不堪入耳，如果说曾轶可是绵羊音，那么他的一定是野狼嚎，所以一直以来都不敢去 KTV，直到有一天，同学急了，说不去唱歌就跟他绝交！谢恩在 KTV 演唱了一首野狼派代表作《狼》，自觉唱得一不靠谱、二不着调。可万万没想到的是，有一位女生竟然评价他的歌声浑厚而性感、霸气而沧桑，因为这别具特色的嗓音，小姑娘竟然毫不留情地爱上了这位来自北方的野狼，成为他的初恋女友。他体悟到，尝试新鲜事物，往往会有意外惊喜。于是他的性情大变，从成熟闭塞的大男人慢慢变成了一个充满好奇心的“小男人”，整个人生因此而改变。

王闯的状态终于在英文演讲比赛中彻底爆发了，他在演讲中传达的信息是敢于去改变，先是讲述了自己悲催的经历，把参加表哥婚礼前的自己彻底调侃了一番，之后是一段心理上的痛苦挣扎，他说人想要改变很容易，但真正迈出改变的那一步却很难。正是因为这个难，才有太多太多的人甘愿忍受不满的现状，只会每天不停地抱怨。他坚定地迈出了这一步，于是迎来了事业和生活上一系列神奇的改变。最后，王闯鼓励大家说，只要鼓起勇气迈出第一步，就会发现，改变，一点都不难。

由于观众亲眼见证了王闯的变化，而大家也都在寻求改变，这篇演讲极大程度上引起了观众们心灵上的共鸣。

双语话剧头马演讲俱乐部史上最精彩的一次比赛结束了，资深会员谢恩大获全胜，成为三冠王。王闯则成为史上第一黑马，获得三项亚军，与谢恩一起，携手晋级下一轮的小区级别演讲比赛。

“本以为第一轮就可以把你干掉，没想到你的运气还不错。别得意，下一轮再淘汰你也不迟。”

谢恩在结束后不忘向王闯挑衅一番。

“我告诉过你，我一定会赢你！”

王闯压住怒气，挤出了这句话。他不明白谢恩为什么总是如此肆无忌惮地挑衅自己，不过现在也没力气想这么多了。

刚刚打完三场大战的王闯身心俱疲，他对自己今晚的表现还算满意。作为刚加入俱乐部数月的会员，能够三项比赛同时晋级实属不易，他想把今天的成绩归功于这段时间遇到的演讲高手们，其中一位，就是CZ。

第 31 章

再接再厉

俱乐部比赛之前的一段时间，CZ 不断帮王闯修改讲稿，他很喜欢王闯的故事，但总是感觉缺了点什么。这种缺失对于俱乐部晋级没有问题，CZ 清楚地知道双语话剧头马演讲俱乐部参赛者的实力，但随着比赛的升级，对手的实力也变得越来越强，如果不去弥补，这个缺失将会是致命的。

距离小区比赛还有一个月的时间，这一个月王闯没有闲着，他主动到上海各大头马俱乐部做演讲，参加每一个即兴演讲环节，在大幅增加演讲时间的同时，感受不一样的观众群、体验不一样的场地、倾听不同的建议，还不忘去宣传自己的俱乐部以完成公关副主席的职责。这段时间的王闯，仿佛奥运前的北京，一天一个样，王闯真正感受到了参加演讲比赛的价值。

在演讲比赛开展得如火如荼时，公司周年庆的日子越来越近，总导演 Ken 这几天一直在发愁女主持的问题，因为他心中所有的女主持候选人都明确表示工作繁忙，无法担此重任，Flora 建议由男主持王闯出面邀请女搭档，既可在公司里选，也可邀请头马演讲俱乐部的会员，因为头马人才济济，很多会员都能在主持上独当一面。

Ken 有听说王闯在头马俱乐部成长了很多，没想到 Flora 也知道这个组织，他觉得提议不错，想了一大串说服王闯的措辞。结果刚介绍完情况，王闯就答应了，准备好的措辞全都没用上，Ken 再次对王闯表示不可理解。

D 项目的进展非常顺利，三家供应商均在七天内就完成了产品打样，整整提前了三天。国内工厂也在第一时间做好了最终样品，样品被成功植入到公司的新产品中，开始接受一系列的质量检测。

测试的结果让所有人心里的石头安全落地，一切成功，可以投产。两位助理激动地在办公室唱起了歌，搞得王闯有点发懵，年轻人啊！

D 项目的成功对于公司来说只是一小步，但对于王闯，却是一大步。

作为团队领导，王闯没忘犒劳自己的团队成员，签订合同当晚就带着两位实习生到海底捞美美地吃了一顿，三个人喝得都有点高，这种从绝望到看见希望再到实现希望的感觉应该是世界上最美妙的感觉吧。

李总和 David 对王闯的表现非常赞赏。David 提议，李总特批给王闯五天假期和一万元奖金，奖励他外出旅行，并特意叮嘱，出去好好放松，回来还有更重要的项目做。

王闯心中有个向往已久的圣地，那片充满神秘色彩的雪域高原，但他还不能马上动身，因为，还有一项重要的比赛。

小区演讲比赛的会场面积更大，来观看比赛的观众人数也多了许多，各位选手的粉丝团分坐在会场的不同区域，来为自己的偶像加油助威。经过一个月不断地修改，王闯的讲稿已经有了很大提升，更加精致、更加幽默、也更能打动观众的心。比如《听妈妈的话》这个演讲，之前的开场方式只是跟观众简单的互动，结尾只有七个字——我要听妈妈的话，现在的演讲稿已经改为采用周杰伦的一段歌曲开场："听妈妈的话，别让她受伤，想快快长大，才能保护她。"然后才是跟观众的互动，结尾则再次唱响这段歌曲，做到首尾呼应。经过一个月的历练，王闯的表达技巧更趋成熟，事业上的小成就也给他注入了更多的自信，这一次，他要给谢恩点颜色瞧瞧。

谢恩同样不可小觑，他的两篇演讲也进行过多次修改。他，要给王闯最大的压力。

演讲比赛和超级女声一样，每一轮的比赛都会让选手蜕变一次，这种个人能力的提高呈几何级数增长，所以说参加比赛是提高个人能力的最佳方式一点都不夸张。尽管关系文化和走后门现象在国内依然普遍存在，但公平竞争的趋势是不变的，优胜劣汰、适者生存这样的自然法则在未来的中国会越来越适用，有机会就去参加各种比赛来提升自己，才是王道。

三项比赛均有 6 位选手，两人的抽签都不错，王闯是 5、4、5，谢恩是 4、5、4。CZ 也赶到了现场，他预感，今日的巅峰对决就在王闯和谢恩之间展开，关于二人谁会更胜一筹，他也不得而知，客观地讲，从演讲内容和气势上来看，王闯更胜一筹，而谢恩的演讲技巧和英文发音则要明显强于王闯。

在中文比赛中，王闯一上来就非常放松，对比俱乐部级别时的状态，王闯完成了一次飞跃。王闯和谢恩的演讲均获得场下观众的数次掌声，其他选手的实力相对要逊色一些。和谢恩的纯幽默不同的是，《听妈妈的话》有笑声，也有动人之处，观众的感触可谓笑中带泪，因此略胜一筹。

即兴演讲比赛的题目是：如果你可以穿越到自己生命中的任何一个年龄，你会选择哪个？

除了王闯之外，其他所有选手的选择都是回到童年。谢恩选择回到童年，因为他觉得自己的童年过于压抑，每天都是死读书、读死书，他想要回到童年彻底地玩，然后批评不合理的教育制度，呼吁还给孩子们一片欢乐的天空。掌声热烈！精彩的演讲内容、专业的表演张力、纯正的美式发音，构成了一篇极有力度的即兴演讲。

王闯的即兴演讲不走寻常路，他选择去到老年，他希望在临死前回忆过去时，会有一些经历把自己感动到老泪纵横。然后话锋一转，简单介绍了自己这段时间的成长经历，说这样的经历确实可以让自己有一些感动，但还达不到老泪纵横的地步，因此他要更加努力。最后升华说，人在老去后可能会有三种回忆：感动、遗憾、平静，我们要选择哪种感觉，由现在的自己决定。

这篇即兴演讲同样获得了观众热烈的掌声。创新、感人、励志，这三个词可以很好地诠释该演讲的精髓。

王闯和谢恩出色的即兴演讲让整个比赛在高潮中进入到了另一个高潮，也就是最最激烈的英文演讲比赛。这项比赛选手的实力明显高了一级，每个人都是有备而来，来势汹汹。有个选手讲述了自己悲惨的爱情经历，有个选手调侃自己和老婆的婚姻经营之道，有个刚刚失恋的男选手大谈单身的好处。由此可以证明，爱情，在哪里都是个永恒的话题。

王闯和谢恩杀红了眼，两人越战越勇，各自带着全力修改好的演讲和更完美的状态，给观众呈现出一幕幕视觉与听觉的饕餮盛宴。

观众的感觉很是奇妙，当轮到王闯或谢恩上场时，他们感到时间过得极快，并伴有意犹未尽之感，在其他个别选手上场时，他们则感觉时间过得极慢，恨不得回家睡一觉再回来。这可以算是相对论的另一种解释吧。

三项比赛在极快和极慢的时间体验中告一段落了，主持人宣布最终比赛结果，王闯获得中文演讲比赛冠军，谢恩获得亚军；谢恩获得即兴演讲比赛和英文演讲比赛冠军，王闯均获亚军。

“我很遗憾，让你拿走了一个冠军。不过不要紧，我会全力以赴在接下来的中区比赛中把它夺回来。下一轮只有一个人可以晋级，你最好把吃奶的力气都用上，不然，你就等着喝我跟子涵的喜酒吧。”

王闯没有理会得意的谢恩，心想，就算我退出，子涵也轮不到你。

但他的心里压力确实很大，大丈夫一言既出，驷马难追，他答应谢恩的赌注，一定会做到。

我既然能在中文比赛中赢了你，英文的比赛也一定可以，还有一个月，拼了！ Chuang！王闯在心里给自己打气，他感觉全身的细胞都被正能量给填满了。

第 32 章

鬼斧神工

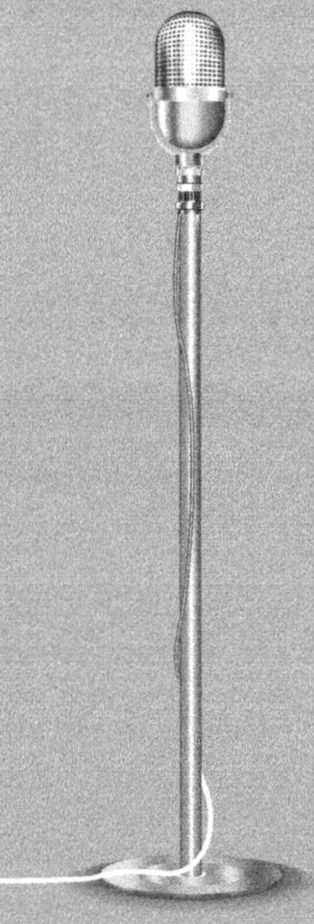

“清晨我站在青青的牧场，看到神鹰披着那霞光，像一片祥云飞过蓝天，为藏家儿女带来吉祥。”

这个季节的西藏，早晚气温不高，王闯打包了全套保暖装备，以及食品、药物等，装了满满一大旅行箱，这些装备足以把他武装到牙齿了。

为了完成子涵要求的“搭讪”任务，登机后，王闯便开始寻找搭讪目标，幸运的话还能结识到搭伴同行的驴友。王闯最终选择的搭讪切入点，是帮忙搬行李。

等啊等，终于等到一位阿姨拉着个行李箱过来，王闯主动帮她把行李箱举到了行李架上，阿姨连声感谢。

“你好，能不能也帮我搬一下？”

刚学习完雷锋的王闯听到一个温柔的声音，定睛一看，说话的是一位戴着黑色墨镜的女孩，肌肤如果冻般水嫩，尽管墨镜掩盖了半张脸，却无法掩盖她是美女的事实。

“没问题。”

王闯没有多想，干净利落地把她的行李箱举了上去。

“谢谢你，请问怎么称呼？”

“别客气，叫我王闯好了。”

“哦，王闯你好，我是 Lucy。”

有一种命，叫宿命。所谓有缘千里来相会，无缘对面手难牵，前世 500 次的回眸，才换来今世的一次擦肩而过。不知王闯和 Lucy 这样在同一天、去同一座城市、搭乘同一航班并且座位连在一起的缘分是二人前世多少次回眸才换来的，这样的缘分，值得珍惜。

Lucy 的座位靠窗，王闯在中间，另一边是位身穿藏袍的大叔。三人坐定后，王闯朝大叔点头以示敬意。

“大叔您好，请问贡嘎机场到德吉南路多长时间有一班车呢？”

“你要到德吉南路什么地方？”

“去那边的暮野青年旅舍，离八廓街很近。”

“那你跟着我走好了，我弟弟会开车到机场接我，坐得下，你就不用搭公交车了。”

“太好了，谢谢您！”

搭讪就像一盒巧克力，你永远不知道会得到什么。

“您的车还能再装下一个人吗？我去平措青年旅舍。”

“平措啊，不是太顺路，我想想……”

“大叔您别为难，我也去他说的那家青年旅舍好了，您看行吗？”

Lucy 指了指旁边的王闯。

“好，那我就一起捎上你们两个，哈哈。”大叔爽朗的笑声充分体现了藏族同胞的精神面貌：朴实、真诚、热情。

“你也去暮野？那你预订房间了吗？”

“听说机场公交车挺破的，我不太想坐，你有暮野的电话吗？一会儿在西安转机时我再打电话预订吧。”

“好，我给你号码。”

上海飞西安的航程中，王闯引导三个人不停地聊天，打开话匣子的西藏大叔激动地为他们深情朗诵六世达赖喇嘛仓央嘉措写给玛吉阿米的情诗：

“那一刻，我升起风马，不为祈福，只为守候你的到来 / 那一天，闭目在经殿香雾中，蓦然听见，你诵经中的真言 / 那一月，我摇动所有的经筒，不为超度，只为触摸你的指尖 / 那一年，磕长头在山路，不为觐见，只为贴着你

的温暖／那一世转山，不为修来世，只为途中与你相见。”

“大叔，您能讲一讲仓央嘉措和玛吉阿米的故事吗？”

Lucy 被这首情诗的意境触动了，想知道如此绝美的情诗背后到底蕴藏着怎样的爱情故事。

“仓央嘉措和玛吉阿米的故事流传着很多版本，我给你们讲讲我最喜欢的吧。”

“亚咕嘟！”（藏语：太好了）

王闯也很想听听这个故事，兴奋地把出发前学的一句藏语给用上了。

“仓央嘉措身为六世达赖喇嘛，凡心未泯，布达拉宫每天的清规生活让他非常苦闷，因此经常在半夜时溜出布宫，浪迹在圣城拉萨的街头。有一天，仓央嘉措遇到了一位凡间女子，被她绝美的笑容彻底征服。为了她，仓央嘉措不惜一再违背戒律。这个女子，就是玛吉阿米。为见心爱的玛吉阿米，仓央嘉措溜出宫外的举动愈演愈烈，但纸是无法包住火的。在一个刚刚下完整夜大雪的早晨，仓央嘉措疲惫地回到布宫，这时，主管纪律的铁棒喇嘛沿着仓央嘉措在雪中留下的脚印寻找到了玛吉阿米的住处，并将其吊死在布宫之外，以示惩戒。为了爱情，凡人可以无所顾忌，小喇嘛可以还俗，但是仓央嘉措，身为西藏的王，却无路可走。令仓央嘉措悲痛欲绝的是，他身为西藏的王，竟然连自己心爱的女人都保护不了，于是整日酗酒吟诗，直到 24 岁时被康熙皇帝以‘耽于酒色，不守清规’为名废立。后来，仓央嘉措在被押送京城的路上失踪了，再后来，第七世达赖转世灵童出现在玛吉阿米的故乡……”

听完这个凄婉的爱情故事后，王闯的感觉是：窝囊！身为一个男人，就要不顾一切地去争取，去保护自己心爱的女人。这个故事更加坚定了他心中的计划，他要去寻找子涵。

王闯转头看了一眼旁边的Lucy，惊呆了。

Lucy的墨镜下面布满了泪痕，王闯着实想不明白，这故事确实挺感人的，可也没感人到如此地步嘛。王闯不知道，女儿同样有泪不轻弹，只因触到伤心处。

“你没事吧？”

王闯绅士地递给Lucy一张纸巾。

“醒醒吧，错误的开始早就注定了这样的悲剧，孽缘啊，孽缘。”

Lucy一边哭一边喃喃自语，旁边的王闯和大叔不知如何是好。

“他已经结婚了，他有那么多的限制，这本身就是一个错误的开始，一个错误的开始又怎么可能有正确的结果呢？！我要忘掉这段感情，让自己解脱，也让他彻底解脱。”

Lucy摘下墨镜，擦干了眼泪，王闯这才发现，原来Lucy的眼睛肿得跟鹌鹑蛋似的，怪不得总戴着墨镜，看来已经哭了很久。

“你，好些了吗？”

王闯关切地问。

“没事了，谢谢你的纸巾。”

Lucy说完后给了王闯一个灿烂的微笑。

大叔没想到仓央嘉措和玛吉阿米的故事至今还能如此感动世人，趁热打铁，又给两人讲了珞巴族趣事和天葬文化。

三人还没来得及闭眼休息，飞机已降落在了西安咸阳机场。Lucy在等待转机期间预订好了暮野青年旅舍的房间，退订了平措青年旅舍，把原定行程改成跟王闯的一模一样，有种君到何处，我亦到何处的感觉，王闯也没多想，有个伴相互照应总比一个人好。

飞机飞到青藏高原上空时，在万米高空俯瞰青藏高原，感觉就像贴着山顶飞行，山脉逐渐从土黄色变为亮灰色，然后是白色的雪山，太美了！王闯在慨叹大自然神奇的同时也感觉到了自己的渺小，跟鬼斧神工的大自然比，我们取得的小小成就一点也不值得炫耀，这一生要走的路，还很长。

第 33 章

难以置信

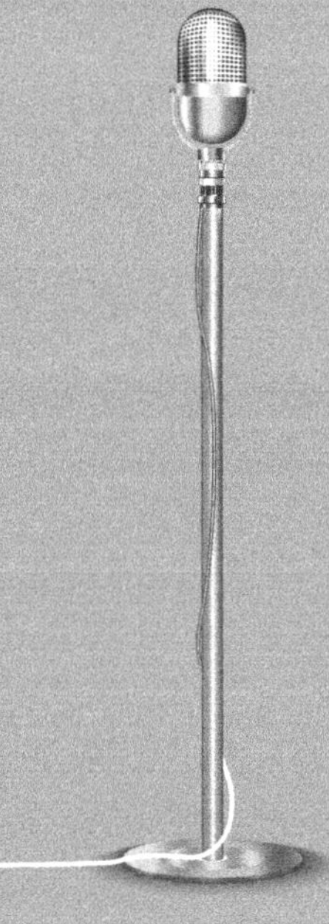

三人抵达拉萨时已经是下午五点多，太阳依然高挂当空。大叔没有把王闯和 Lucy 送到青年旅舍，而是邀请他们到自己家中做客，二人盛情难却。

大叔一家都很好客，给王闯和Lucy准备了地道而丰盛的藏家食物，青稞酒、糌粑、牦牛肉，不胜枚举。大叔有一个正在读小学的儿子，小朋友从来没有离开过拉萨，像看外星人一样盯着白白净净的王闯和Lucy。正当王闯准备说话时，小朋友率先打破了尴尬。

“哥哥姐姐，你们是从哪里来的啊？”

“我们是从上海来的啊，你知道上海在哪里吗？”

“我听说过，上海在很远很远的地方。哥哥，上海有小乌龟吗？”

王闯愣了一下，心想藏区小朋友的思维怎么如此发散。

“上海有小乌龟啊，为什么问这个问题呢？”

“老师今天给我们讲了龟兔赛跑的故事，兔子跑得很快，小乌龟跑得很慢，最后小乌龟赢了兔子，我好喜欢小乌龟呀。”

“那你知道小乌龟为什么可以赢兔子吗？”

“因为兔子懒，睡大觉，小乌龟锲而不舍，没睡觉，所以赢了。”

“说得对，跑这么慢的小乌龟都能凭借锲而不舍的意志战胜兔子，那聪明的我们要是拥有这种意志，是不是就能战胜一切困难和挑战啦？”

“是啊，哥哥说得对。那哥哥，你能送我一只小乌龟吗？”

物以类聚，人以群分，脸皮越来越厚的王闯也越来越喜欢厚脸皮的同类人，他没想到不足 10 岁大的藏族小朋友可以如此大方地跟初识的大人要礼物，想想小时候的自己，竟然害羞到把亲戚塞到自己手里的苹果原封不动地送回去，尽管当时馋得口水都要流下来了。

“可以啊，等哥哥下次来西藏时，一定把小乌龟带给你。”

“哇，亚咕嘟！”

“你也要答应哥哥一件事，好吗？”

“好啊，哥哥，你说？”

“答应哥哥，好好读书，像小乌龟一样锲而不舍，将来考到上海来读大学。”

“好的哥哥，我一定会努力的。”

王闯在成长的过程中遇到了很多帮助自己的贵人，而现在的他，希望自己也可以成为别人生命中的贵人，帮助更多的人实现他们的价值，让更多的人享受到成长的快乐。不知不觉地，王闯的价值观发生了微妙的变化。

在大叔家酒足饭饱之后，二人拖着疲惫的身体和沉重的行李箱来到了暮野，简单收拾之后，倒头就睡了。

在祖国的东方，子涵刚刚旅行归来，第一时间从姐夫那里得知王闯去了拉萨，住在暮野青年旅舍。还没来得及回家，就赶在王闯的下一个航班，飞向了拉萨，她要给王闯一个天大的惊喜。

“当当当，当当当……”

王闯听到了一阵急促的敲门声。

“谁啊？”

没人应答。

“当当当，当当当……”

“说话啊？”

还是没人应答。王闯郁闷地从床上爬起来，用力拉开了房门。

瞬间，他迷迷糊糊的双眼睁得跟牛眼一样大。

“子，子，子子，子涵……”

王闯此刻的结巴程度已经远超当年的 Bill。

“怎么，不欢迎吗？”

“欢，欢迎啊。外面冷，赶紧进屋来吧。”

许久未见的二人开始大诉衷肠，天南海北地聊啊聊。聊着聊着，子涵轻轻拉住了王闯的双手，十指相扣，面对着王闯，头部向前微倾，缓缓地闭上了双眼。

王闯再单纯，身为纯爷们儿的他也懂得这个动作背后的含义，他的心狂跳不止，比哥哥婚礼那天跳得还要厉害，心理舒适区被强烈地挑战着，同样是挑战，感觉上却和以往大为不同，这也许就叫幸福的挑战吧。

王闯凝望着子涵绝美的面庞、飘逸的秀发、娇艳的红唇，也轻轻地闭上了双眼，通过视觉思维，引导自己的嘴唇向那一抹娇艳缓慢移去。

10，9，8，7，6，5，4，3，2，1cm，0.5cm，1mm……

“啊！”

剧烈的头痛将王闯惊醒，该死的高原反应搅黄了这个美梦。

“你就不能晚点把我痛醒嘛！”

王闯被气得头更痛了，而且口干舌燥。拉萨的海拔虽然只有3000多米，但也足以引起高原反应。王闯感觉头痛得像要炸开一样，赶紧使用孟叔叔教的芮克式呼吸法进行深呼吸，深度吐纳了十次之后，头不痛了，他又起来喝了杯热水，吃了两粒预防高反的红景天，已无大碍。

“当当当，当当当……”

“谁啊？”

没人应答。

“当当当，当当当……”

“子涵？真的是子涵？”

王闯尽力克制住兴奋的情绪，激动地拉开了房门。

“王闯，我头好痛，口好干。”

“外面冷，先进屋吧。”

王闯一脸遗憾地回应 Lucy。

“你这是高反症状，来，跟我一起做几次深呼吸……怎么样，好点了吗？”

“嗯，感觉好多了。”

“把这杯热水喝了，吃两粒红景天，就没事了。”

“谢谢你，王闯。”

“别客气。”

半天无语。

“王闯，我不敢回去睡觉了，我们聊会儿天吧。”

两人开始天南海北地聊啊聊。聊着聊着，Lucy 轻轻拉住了王闯的双手，面对着王闯，头部向前微倾，缓慢地闭上了双眼。

刚刚做完梦的王闯更加懂得这个动作背后的含义，他的心跳在加速，感觉和以往全然不同，他不明白这到底算是一种怎样的心跳。

王闯凝望着 Lucy 绝美的面庞、飘逸的秀发、娇艳的红唇，他就这么看着、看着，没有闭上眼睛。那一抹娇艳，正通过视觉思维向前移动。

10，9，8，7，6，5，4，3，2，1cm，0.5cm，1mm……

“不！”

王闯阻止了这一抹绚烂的嫣红，他不能，就像 Lucy 说的，错误的开始不会有正确的结果，他心里只有子涵，子涵才是他唯一的选择。

“对不起 Lucy，我有女朋友了。”

“啊，哦，那个，我在测试你呢，看你小子到底是好人还是坏人，还不错，你竟然能顶住本小姐的测试！那个，我的头不痛了，你也赶紧睡吧，晚安。”

Lucy 像缕青烟一样离开了，留下淡淡的香水味和受惊后的王闯。

王闯睡意全无，开始无聊地扫视起这个房间。现在不是旅游旺季，预订的四人间只住着他独自一人。和全球的青年旅舍一样，这里的四面墙壁和天花板被世界各地的驴友们添满了文字，无聊的王闯开始认真读起了这些文字。

读了一会儿后，王闯有点失望，因为文字内容无非是谁、谁和谁到此一游，谁、谁和谁多爱西藏，谁又要和谁永远在一起……

困意袭来的王闯有点迷糊了，突然，他的心跳再次加速起来，眼睛在一瞬间瞪得比牛眼还大，他看到了几排文字，字体和纸上那 19 个“王闯”一样，娟秀而大气。文字的落款，是，子涵，没错，就是子涵！这是不是又在做梦？王闯连续抽了自己两个嘴巴，比 Bill 当年抽得还要狠！疼，很疼！这次真的不是在做梦了。

王闯急忙出去用冷水洗了把脸，好让自己彻底清醒，来阅读子涵留下来的文字。

> 一个人的纳木错，孤独、静美；一个人的旅行，哪里才是终点？美国见。
>
> 子涵

王闯一屁股坐在了地上，他难以相信，不久前，子涵就住在这个房间。他自责自己为什么不早点来西藏！同时也在想，子涵为什么要来西藏？为什么要去美国？去美国见谁呢？

王闯再也睡不着了，他决定只在西藏停留一天，提前回上海申请赴美签证，他要去美国寻找子涵。

在西藏唯一完整的一天，王闯决定去纳木错，去找寻子涵留下的痕迹。

第 34 章

豁然开朗

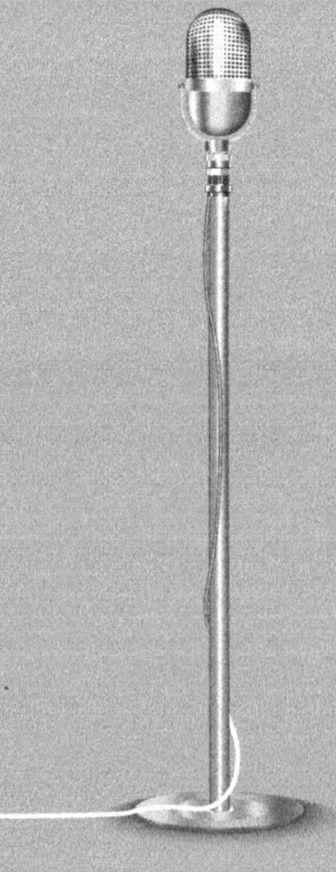

纳木错是西藏三大圣湖之一，也是全世界海拔最高的咸水湖，位于念青唐古拉山主峰以北，距拉萨约 3 个小时车程。

折腾了一个晚上的王闯和 Lucy 已没有高原反应症状，虽然身体疲惫，但心中一想到美丽的圣湖，就忘却了所有的苦和累。心灵的力量，是宇宙中最伟大的力量之一。

两人似乎已经忘记了昨晚发生的事，有说有笑地走出暮野，搭乘提前租好的越野车，在漆黑的夜色之中，踏上了前往圣湖之路。

越野车沿着青藏公路一路向前，Lucy 靠在椅背上睡得香甜，王闯依然亢奋，浮想联翩，难以入睡，他开始把注意力转移到车子前方的风景。

车子拐了一个弯，王闯猛然发现前方的公路上趴着一个人。随着车子不断前进，王闯看到越来越多的人趴在地上，他们在朝拉萨的方向缓慢挪动。王闯意识到，这就是以前听说过的朝圣者吧。反正也睡不着，干脆和司机聊聊这些朝圣者的故事。

藏族司机说，这些朝圣者大多是牧区虔诚的藏民，家里距离拉萨可能有上千公里之遥。他们把家当卖掉之后，一路磕长头磕到拉萨、磕到布达拉宫、磕到大昭寺。磕长头很有讲究，需要双手、双膝和额头五个部位同时触地，成语“五体投地”就是这么来的。朝圣者每走三步，就要磕一次长头，嘴里还要诵读六字真言“唵嘛呢叭咪吽”，周而复始。他们没带多少干粮，也没穿太多衣物，护手和护膝算是身上唯一的护具。这一路，他们可能要磕上数月、数年、甚至数十年。磕长头非常艰辛和危险，每年都有很多朝圣者在路上就告别了人也，而他们的家人会把他们的牙齿或者指甲带到大昭寺，镶嵌在檀木柱子上，以完成他们的心愿。

很多现代人觉得这些朝圣者愚昧无知，放着大好的生活不去享受，而去玩命地磕长头。王闯则被他们的精神深深地震撼了，想想自己，仅仅为了一个星期的旅行，就准备了一整个行李箱的装备，而这些朝圣者，他们的装备是何等简单，甚至是没有装备。

和现代人不同的是，王闯在朝圣者的脸上看不到疲惫、浮躁、急功近利，看到的却是平和与宁静。他们就算再苦再累，就算身边没有人监督，也不会有任何偷懒。到底是什么力量在支撑着他们？是心灵的力量？是信仰的力量？

王闯相信，信仰不仅仅局限于宗教之上。如果把完成团队项目当成信仰，我们就不会抱怨辛苦和劳累；如果把成为演讲高手当成信仰，我们就能迅速成长；如果把爱情当成信仰，还会有如此高的离婚率吗？

“我爱你，是忠于自己忠于爱情的信仰 / 我爱你，是来自灵魂来自生命的力量 / 在遥远的地方，你是否一样听见我的呼喊 / 爱是一种信仰 / 把你带回我的身旁”

沉浸在潜意识思维中的王闯，在车上毫不避讳地哼唱起了张信哲的经典情歌《信仰》。

和子涵在一起，就是王闯的信仰！他相信，爱的信仰一定可以把她带回他的身旁。

“喂，醒一醒，看前面。”

在连续 S 型弯道的尽头，在崇山峻岭地环抱中，在清澈蓝天地映衬下，有一片绝美的蓝，静静地躺在那里，像一颗硕大的“海洋之心”被丢弃在高原之上。

“WOW！”

王闯和 Lucy 被眼前的这一幅美景惊呆了，人世间竟有如此绝美的景致，难怪有人说，再烂的照相机都能在纳木错拍出最美的蓝，再好的辞藻也无法形容出纳木错的美!

王闯和 Lucy 凝望着这幅美景，时间仿佛定格了一般，经过了无数个漫长的 S 型弯，他们终于投入到圣湖的怀抱!

“纳木错，我爱你！子涵，我爱你！”王闯张开双臂，旁若无人地对着纳木错放声呼喊，呼喊声在山谷中回荡。灵魂，似乎已经与蓝天、高山、圣湖融为一体。

Lucy 惊诧地望着反常的王闯，这一刻，他帅得出奇!

“喂，你没事吧？”

王闯豁然开朗，他好享受这种灵魂与自然融为一体的感觉，这可能是人性中最自然的状态了，摘掉了面具，去掉了做作和雕琢，只剩下最本真的自我。如果在演讲中也呈现出最本真的状态，观众会不会更喜欢呢?

王闯的疑惑可以用参禅的三个境界来解释。第一境界：看山是山，看水是水；第二境界：看山不是山，看水不是水；第三境界：看山还是山，看水还是水。

这三个境界同样可以阐释演讲。刚刚接触演讲时，看山是山，看水是水。这个阶段，觉得什么都是对的，什么都要学；然后，看山不是山，看水不是水。发现学的都是别人的东西，很做作，很多不太适合自己；最后，看山还是山，看水还是水。这时已经形成了自己的独特风格，不用去想着怎样把肢体语言做到位，也不用去想着用什么样的语音语调，更不用去想下一句要讲什么，而是整个人与演讲融为一体，用灵魂去演讲，自然、连贯、直抵人心。

王闯用石头在地上写下了三个大字“爱，信仰！”，用手机拍了张照片。他在西藏只拍了两张照片，另一张，是暮野墙上的文字。

回拉萨的路上，王闯给 Lucy 讲了他和子涵的故事，也讲了子涵带给自己

的改变，感动得 Lucy 再次掉下了眼泪，鹌鹑蛋眼是彻底没救了……

王闯把在西藏需要的装备统统留给了 Lucy，带着 Lucy 发自内心的祝福，离开了这片带给自己心灵升华的雪域高原。

第 35 章

恍然大悟

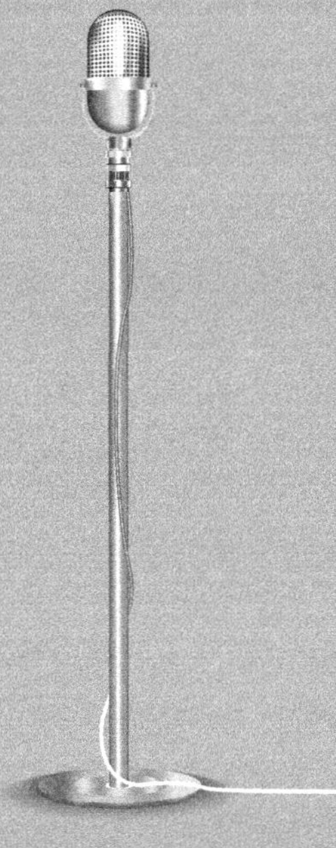

王闯是周末离开的上海，实际只用掉了一天假期，这也为他之后的美国行省下了一些时间。回到上海后，王闯从孟叔叔那里得知子涵去了奥兰多，但不知道为什么要去。

王闯马不停蹄地准备资料申请美国签证，上海预约面签要等很久，于是，他干脆飞到北京去面，很快，顺利拿到了签证。

中区比赛马上就要开始了，王闯试着忘掉讲稿、忘掉肢体动作、忘掉语音语调、忘掉一切演讲技巧，以自己最本真的状态来呈现整个演讲，一次不行两次、两次不行三次……锲而不舍。

CZ 在比赛前夕专程来指导王闯最后的演练，被王闯的自然状态吓了一跳，一个月没见，竟然看不出他有任何刻意和做作的演讲痕迹了，以前总觉得王闯的演讲缺了点什么，CZ 终于知道了，是自然。

王闯正练得出神，手机铃声响了起来，区号 010，北京打来的，难道签证出了什么问题？

“喂，你好。”

“王闯，我是谢恩。”

是谢恩打来的，王闯对他没什么好印象，准又是来挑衅的，可他怎么跑到北京去了？明天不是要比赛吗。

“怎么了，谢恩？”

“我是来跟你道歉的。”

“道歉？”

“你知道吗，之前对你的一次次挑衅是我故意的。”

废话，不故意能叫挑衅嘛，王闯心想。

“我没听明白！”

“子涵离开前告诉我，一定要帮你晋级到全国演讲比赛。”

王闯听到这句话，双腿发软，瘫在了椅子上，吓了 CZ 一跳。

“什么？”

“子涵其实一直都很关心你。我知道你很喜欢她，所以就用了这个‘馊主意’来刺激你，激发你的斗志。我现在在北京出差，是很早以前就确定下来的工作安排。”

“你，你的意思是？”

王闯的心乱作一团。

“我已经通知组委会，明天的比赛，我弃权。”

“什么？”

“其实我本来就没打算参加今年的比赛，子涵是我的好知己，为了她关心的你，我才费劲地去写稿子、去比赛、去刺激你。你别误会，知己只是知己而已，我有女朋友的，她和你在一家公司，叫 Flora。”

王闯恍然大悟，难怪 Flora 知道演讲俱乐部的事。

“谢恩，谢谢你。”

“你应该好好感谢的是子涵。你知道吗，提名你做公关副主席是她的安排，孟叔叔去做安全培训也是她的安排。俱乐部比赛前，她身在拉萨，特意录了段视频发过来，就是希望给你一些能量。”

王闯哽咽了。

“可，可子涵她为什么不联系我呢？”

“因为她正活在过去的情境中，她不想以这样的状态面对你。”

“对不起，我没听明白你的意思。”

“你想知道子涵为什么出去旅行吗？”

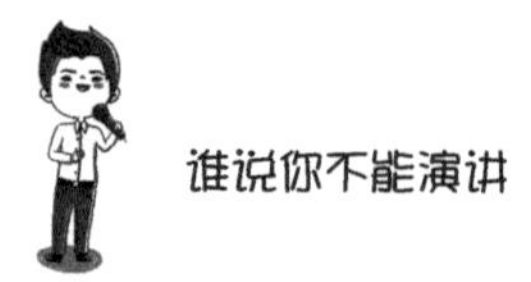

王闯腾地从椅子上蹦了起来，又吓了 CZ 一跳。

“你一定听说过，子涵的前男友 Tom 出车祸去世了。”

“没错，然后呢？”

“其实，他并没有死。”

“什么？！”王闯又瘫在了椅子上，吓得 CZ 先行回家了。

“在‘车祸’的一个月前，Tom 发现自己患了渐冻症。”

“渐冻症？”

“这是一种非常罕见的疾病，患者的肌肉会慢慢地变得无力，最后像霍金一样，全身瘫痪，而且，目前无药可治。”

“太可怕了！”

“是啊，Tom 是条汉子，他在上海被查出患有渐冻症后，马上飞回台湾复查，最终确诊。他知道在不久的将来要眼睁睁地看着自己瘫痪下去，他知道善良的子涵不会因此离他而去，但他不想让子涵一辈子守着残废的自己，所以就联合家人编造了车祸事故来瞒着子涵，并且千方百计地阻挡子涵一家到台湾参加‘葬礼’。”

“然后呢？”

“然后他一个人去了美国。”

“奥兰多？”

“没错，看来你已经知道子涵去了哪里。不过，据说 Tom 已经结婚了，娶了一个有点残疾的美国女人，生活还挺幸福的。”

“那为什么子涵还要去找他呢？”

“其实对于 Tom 的‘死’，子涵始终将信将疑，心里一直都没有放下，这也是子涵这一年多来不交男朋友的原因。直到有一天，子涵收到柴昆昆发来的短信，说 Tom 并没有死，她才知道事情真相。”

“柴昆昆这个家伙，又在耍花招！”

“柴昆昆的家族有着庞大的国际关系网，他说的是真的。不过你放心，子涵不会跑到美国去拆散 Tom 的家庭，她只想重走一遍曾经和 Tom 走过的路，然后去美国见他最后一面，来做一次彻底地了断，彻底地放手。”

“原来，真的有一种爱，叫作放手。”

王闯被这样无私的爱深深触动了。以前听到的分手理由，无非是谁嫌谁没钱、没地位；谁嫌谁长得不够帅、不够美；谁嫌谁不够关心自己、疼爱自己。这是他第一次听说谁因为嫌自己不够好而和谁分手。

“我想我知道该怎么做了。对了谢恩，你什么时候回上海？”

“要把北京的项目做完，怎么也得半年后了吧，我还有一个事情要麻烦你。”

“嗯，你说吧。”

“我想请你代我履行俱乐部主席的职责。”

“这怎么行啊，我还没什么经验……”

“我看人很准，我说你行，你准行！”

“那，好吧！我会和大家一起，尽全力把俱乐部带好！”

“加油！”

“兄弟，真的很感谢你！你对我的刺激，让我成长了很多，也让我的比赛更加有意义。伟大的对手才能成就伟大的比赛，我们就是头马的林丹和李宗伟。”

“哈哈，你不恨我我就知足了。这段时间我有幸目睹了你的巨大进步，跟你在一起比赛我也很有压力，还好，最后只在中文比赛上输给了你，算是保住了晚节。对了，有一点我必须要提醒你，明天会有两位母语是英语的外国选手，跟他们比，你的英语发音就成了明显劣势，所以，你一定要靠其他的优势来弥补这个劣势，我会在心中为你加油，燃烧吧，兄弟！”

“兄弟，放心吧！对了，我还要感谢你告诉我子涵的事。”

“拜托你别再提我的姓了，兄弟之间，说‘谢’就远了。我真觉得你和子涵挺般配的，子涵和 Tom 早已有缘无分，你们要好好珍惜，祝福你们。”

“我会的，保重！”

“保重！”

昨日还是你死我活的“情敌”，今天就变成了交心的兄弟，人生，就是这么奇妙。

“假如我是 Tom，查出患有渐冻症后，我会选择和子涵共同面对，还是选择放手呢？”王闯问了自己一个不知如何回答的问题。他觉得，人生没有“如果”，走到那一步时，才能知道下一步的选择，走过了，就难以回头。

王闯确定的是，子涵爱着自己；确定的是，自己要比 Tom 更爱子涵！其实王闯大可以在上海静静地等子涵回来，但他担心出现“如果”，还是决定等中区比赛结束后立刻飞往美国，接子涵回家。

临睡前，王闯用视觉思维幻想了一遍明天的比赛场景，上百名观众把硕大的会场挤得满满当当，气氛热烈、场面壮观，头马俱乐部的会员们组成强大的粉丝团为自己呐喊助威，他看到了飞姐、看到了峰兄、看到了 CZ，还看到了同事 Flora。

想到 Flora，王闯发了条短信给谢恩。

“兄弟，明天比赛之后，我会去美国接子涵回家。

第 36 章

大获全胜

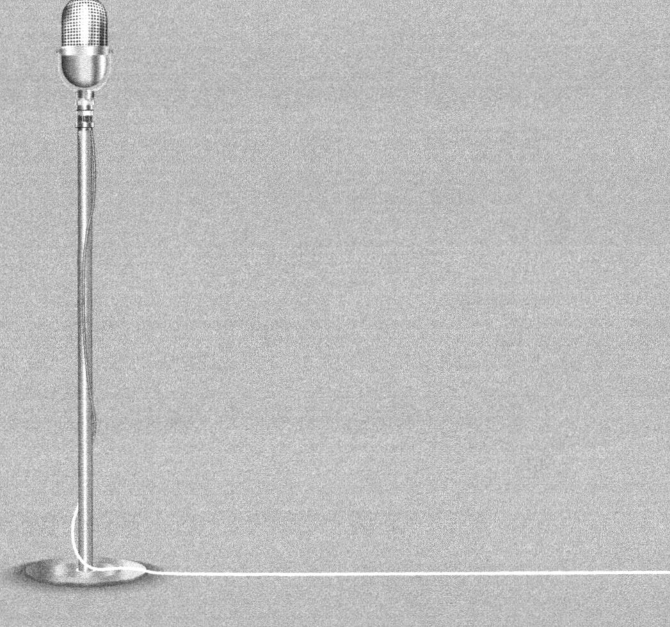

这是一个重要的日子，全上海最优秀的演讲选手们济济一堂，角逐晋级全国演讲比赛的名额，竞争极其惨烈，因为每项比赛都只有一个人可以晋级，谁将成为最后的王者，没有人敢妄下定论。

王闯在家做足准备，拉着去美国的行李箱赶到会场。门是关着的，王闯敲开门后径直走了进去，果然上百名观众把硕大的会场挤得满满当当，气氛热烈、场面壮观。来自俱乐部和小区的会员们组成强大的粉丝团为他呐喊助威，他看到了飞姐、看到了峰兄、看到了 CZ，还看到了同事 Flora、小吉和王姐，老板 David 竟然也来了。

“大明星好，能跟您握个手吗？”

“老板，您就别取笑我了。您在这儿，我压力更大了。”王闯一脸的委屈。

“要不，我走？”

“别别，压力就是动力，您在，我会发挥得更好。”

“这才像你小子说的话嘛。我无法预测今天的比赛结果，但是，如果你一不小心给我拿了个冠军，我会在全公司进行宣传，并且，我会提议在公司内部成立头马演讲俱乐部，由你做创始主席，这些是我能做到的。”

“老板，您太伟大了！”

在一旁乐开了花儿的三位同事眼睁睁地看着这两个男人旁若无人似的来了个熊抱。

心情好，运气就好，王闯抽到了 3、4、5，由于谢恩临时退赛，每项比赛只剩下五位选手，比赛顺序依然是中文演讲比赛、即兴演讲比赛和英文演讲比赛。

主持人 CZ 缓步走到讲台中央，热闹的会场立刻鸦雀无声，静得仿佛可以听到选手们紧张的心跳声。CZ 用眼神环顾四周，正准备开口说话时，一阵“当，当，当”的敲门声打破了沉寂，接待员礼貌地打开了大门，上百名观众齐刷刷地将头扭向大门一侧。

沉寂、死一般的沉寂，一些观众的嘴巴开始迅速张大，却发不出声音。门被缓缓打开的过程中，王闯看到一片耀眼的红色，慢慢地，他看到了一条夺目的红裙，看到修长的双腿衬托着红裙主人婀娜的身姿，美丽的脸颊看不出任何脂粉的痕迹，淡雅的微笑让人感到从容与庄重，她，就像远在天边的天使，却又鲜活地站在凡人面前。

“子涵！”

王闯仿佛身在纳木错，大声呼喊出了他生命中最重要的两个字，像一枝离弦的箭，飞速射向门前，一把抱住了刚下飞机就赶过来的子涵。

沉寂的会场像被原子弹突然击中一样，瞬间爆发出雷鸣般的掌声和呼喊声。两个人紧紧拥抱在一起，任凭眼泪肆意地流淌。他们谁也不想说话，谁也不想先松手，时间仿佛在这一刻，停滞了。

“我看，要不把比赛延期举办？”

CZ 酸溜溜的声音让大家从唯美的爱情故事中回到了紧张的比赛，王闯拉着子涵的行李箱，两人一起并肩走入会场，在大家祝福的掌声中，十指相扣，坐在了一起，两个行李箱肩并着肩，在一旁羞涩地盯着刚刚团聚的主人。

子涵到上海后接到了谢恩的电话，得知王闯要去美国接她回家，非常感动。其实，子涵一直对王闯心存好感，她喜欢王闯的上进与执着，喜欢他的责任感与正义感，喜欢他的单纯与善良，后来她还听说王闯在防抢演讲、D 项目和演讲比赛上都有出色的表现，而这些经历也让这个大男孩蜕变成了一个可以托付终身的大男人！子涵因为没有放下曾经的感情，所以跟王闯之间的关系始终像隔着一层朦胧的纱。在美国，当她看到轮椅上的 Tom 时，眼泪唰地流了下来，

Tom 没有哭，和太太一起开心地招呼远道而来的她。子涵看到 Tom 和太太的相濡以沫，一下子释然了。这也许就是宿命吧，她和 Tom 之间的情缘在这一刻，真正地结束了，两个人一起，把曾经的爱埋藏在内心的最深处，送给对方最诚挚的祝福，祝福未来的彼此，一切安好。

在美国的最后一晚，子涵记起在暮野墙上留下的文字“一个人的旅行，哪里才是终点”，她知道了，这里，就是终点，也是起点。她拿出一张白纸，在上面写满了娟秀而大气的两个字：王闯。

王闯把两张打印好的西藏照片从行李箱中抽了出来，放到口袋里，准备在比赛结束后送给子涵。

老板的出现、几个月的历练、西藏归来后的灵变、与子涵的再次相见，让王闯的小宇宙彻底爆发了！

领导在中文演讲比赛中第三个登场，一上来就把台下观众逗得前仰后合，观众席里时不时地爆发出雷鸣般的掌声。在上一次的中文演讲比赛中，王闯把周杰伦的歌曲——《听妈妈的话》的歌词作为开头和结尾。“听妈妈的话 / 别让她受伤 / 想快快长大 / 才能保护她”，这一次又有了些改动，开头是“听妈妈的话 / 别让她受伤”，结尾则改为“我已经长大 / 我要保护她”，后面加了三个字，“你们呢？”这个改动更深地打动了观众的心。

子涵在一旁看得出神，几个月没见的王闯竟然取得了如此惊人的进步，整个演讲如行云流水，看不出任何刻意与做作，仿佛是用灵魂在演讲，她已经自叹不如了！

款款走下讲台的王闯看着竖起两个大拇指的子涵，感觉像一个流浪多年的小孩儿回到了温暖的家。

中文演讲比赛结束后没有休息，直接进入即兴演讲比赛。即兴演讲比赛的题目是：Do you believe in destiny?（你相信宿命吗？）

其中两位选手回答相信，并给出实例；还有两位选手回答说不相信，也给出了例证。王闯再次没有和其他人保持一致，

他说："我相信宿命，但是，宿命，是可以被改变的。过去的 20 几年，我的宿命是一个失败者，那时的自己感觉未来的宿命还会是个失败者，这辈子我都会是个失败者。直到有一天，我坚定地寻求改变。随后，我认识了一个人，这个人让我重新获得了成长的动力，让我重新拥有了梦想并为此不断去闯。所以今天，我才有机会站在这个讲台上。可是，几个月前的一天，她突然离开了我，走之前没有留下一句话。你们知道吗，我上周去西藏旅行，竟然住进了她不久前刚刚住过的房间，看到了她在离开前留下的文字。（王闯把照片从口袋里掏出，高举在头顶）我把这一切都记录在了这张照片中，这就是宿命。今天，在这个重要的日子，她回来了，这还是宿命，宿命是可以被改变的，这，也是宿命！"

经久不息的掌声！

王闯和子涵都知道，由于数次被掌声打断，这个演讲超时了，但两人都不在乎，王闯忘我地说出了自己内心的声音，子涵噙着眼泪聆听完这个声音，足够了。

子涵不敢想象王闯竟然住进了同一家青年旅舍的同一间房间，她凝望这两张照片，其中一张的背景是圣美的纳木错，三个字静静地趴在湖水旁边，"爱，信仰"。这，是信仰！也是宿命！

最后的英文演讲比赛堪称史上经典！全上海最优秀的英语演讲者悉数登场，其中包括两位来自美国的母语演讲者。

王闯像棵挺拔的大树，身体笔直，站在台下准备登场。

“Dare To Change,Chuang;Chuang,Dare To Change.（敢于去改变，王闯；王闯，敢于去改变）”

主持人CZ按照标准流程介绍王闯上台，从台下到台上的短短数秒，王闯的脑海中不停地浮现，浮现出大学时那个临阵脱逃的自己、浮现出婚礼上那个溜进厕所的自己、浮现出头马俱乐部那个坚持不要脸的自己、浮现出成长过程中那个充满正能量的自己……王闯的眼眶湿润了，他攥起拳头，左手的拳头代表浑浑噩噩的过去，他要把它握碎；右手的拳头代表弥足珍贵的现在，他要将它抓牢。

王闯在舞台中央站定，看到了同样双手握拳的子涵，他知道，子涵在给他能量。王闯用湿润的眼睛望着她，点一下头，让她放心；抬起头，让眼泪回流；把头放平，开始演讲。

王闯迅速调整状态，自然而流畅地讲述自己的成长经历。他的演讲境界已经超越了演讲本身，凌驾于演讲之上，观众被他的演讲牢牢地抓住，哪里还关注他的发音问题。

在演讲结束的一刻，全场鸦雀无声。时间一秒一秒地过去了，站在台上的王闯屏住呼吸，望向观众，他先是看到一位外国人从座椅上站了起来，那不是自己最大的竞争对手吗？其他观众在这一刻如梦初醒，全部站起身来，掌声如电闪雷鸣般在寂静的会场中瞬间响起，经久不息。

最终，王闯克服了英语发音劣势，战胜了两位母语演讲者，一举获得中区英文演讲比赛冠军！同时获得中区中文演讲比赛冠军，即兴演讲比赛因为超时，名义上没有获得名次，但却是所有观众心中的冠军。

今天的王闯，成了大家心中的英雄。峰兄带头，和其他会员一起把王闯不停地抛向空中。一旁的围观者中有两位重要群众，一位是子涵，她在不停地笑；另一位是CZ，表情让人难以捉摸。

第 37 章

天道酬勤

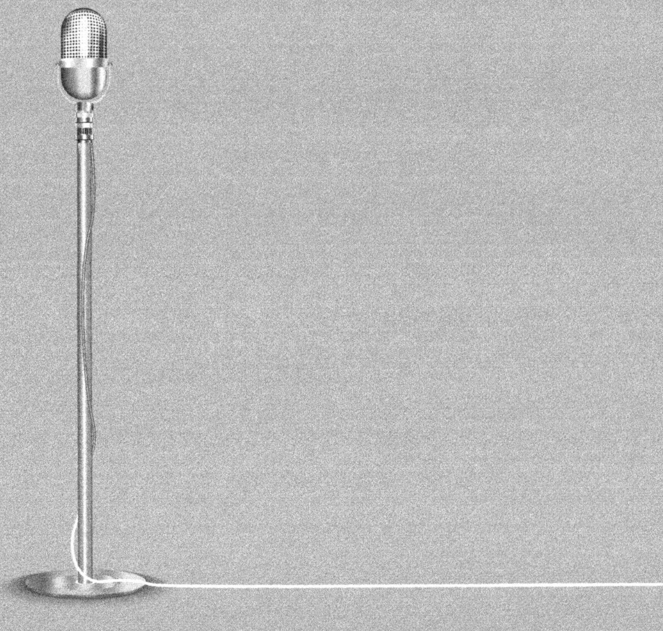

“你，这是要去美国？”

子涵盯着王闯的行李箱，明知故问。

“哎呀，我得赶紧回去把机票退掉。”

“既然，咱俩的行李箱都是现成的，不如，一起去西藏吧？”

子涵听说王闯在西藏待了不到两天，想跟他一起，重游属于彼此的雪域圣地。

“好啊，退票不急，我先订票再说！”

王闯深知哪一项是重要且紧急之事。

“你们介意我同去吗？”

CZ 满脸的无辜、辛酸和委屈，像是在苦苦哀求。

“介意！”

两人默契地回答。

“好吧，我又来晚了。”

CZ 一个人默默地离开了会场……

“我再多给你三天假期，连上次剩下的给我统统用掉，玩彻底了赶紧给我回来干活！”David 听到干柴和烈火之间的对话，过来添了桶油。

同样的航班，同样的目的地，同样的行程安排，不知这又是前世多少次的回眸才修来的成果。

彼此都有了最重要的那个伴侣，二人旅行的心境已大为不同。

子涵和王闯在拉萨机场登上了大巴。

“请问，到德吉南路吗？”

王闯问售票员阿姨。

“有时到，有时不到。”

"啊？好，阿姨，看您心情吧。"

二人哈哈大笑。

很多时候，去哪儿不重要，重要的，是跟谁一起。

"啊呀呀，王闯哥哥，你真的把小乌龟带给我了啊？怎么这么快啊！"

"哥哥从来都是说到做到，只不过，哥哥也没想到会这么快。"

子涵在一旁看着这对有点幼稚的哥俩，呵呵笑个不停。

暮野的老板喜力听说了王闯和子涵的故事，专门留了那个四人间给他们。

一个人的纳木错，孤独、静美；一个人的旅行，哪里才是终点？美国见。

子涵

娟秀而大气的文字依然安静地躺在那里。

子涵在后面加上一句：已找到终点，这里是新的起点。纳木错，我们来了。落款是子涵和王闯。

Lucy 还没走，鹌鹑蛋眼倒是彻底走了，当她看到子涵后，竭力在子涵面前赞扬王闯那晚的临危不乱，搞得王闯很不好意思，子涵则乐不可支。

"Lucy，这个是四人间，要不晚上你搬过来一起住吧，咱姐妹也好聊聊天。"

"好啊好啊，我现在就去收拾行李。"

王闯这个气啊，他真没见过这么不懂风情的姑娘，恨得咬牙切齿，却不好发作。

王闯和子涵把爱的足迹留在了纳木错、林芝、羊湖、珠峰、布达拉宫、大昭寺，留在了这一片神圣的雪域高原。

两个星期后，王闯在全国演讲比赛中获得全国中文演讲比赛冠军和英文演讲比赛亚军，一跃成为头马界优质偶像。虽然失去了到美国参加全球决赛的机会，他已然心满意足，这一路下来，他成长了太多、太多。未来的一年，他会更加努力，主动去寻找更多挑战自我的机会，明年的演讲比赛，重头再来。

子涵很开心，她还记得当初给王闯制定的成长目标，他都做了，也都做到了，这个男人，很靠谱！

David履行了承诺，王闯也不负众望，双语话剧头马演讲俱乐部和公司俱乐部在他的带领下办得风风火火。收获了太多成长的王闯把“提升国人演讲能力”设定为自己的终身目标，并为此不懈努力，很多人都因他而改变。王闯在头马界和公司的人气随之越升越高，成长得也越来越快……

在公司十周年大庆上，主持人王闯帅气逼人，一上台就获得山呼海啸般的掌声，旁边的女搭档同样气质不凡，身着一袭夺目的红裙，修长的双腿衬托着婀娜的身姿，美丽的脸颊看不出任何脂粉的痕迹，淡雅的微笑让人感到从容与庄重。

由于王闯的出色表现，他在周年庆上被授予“十周年卓越员工”荣誉，同时升任采购部经理，成为公司最年轻的经理级员工。拿到奖杯后，王闯没有说话，全场寂静，几秒钟后，王闯转身，将奖杯交给身旁的子涵，深情地说：

“这个奖杯，属于你。”

同事们早已耳闻王闯的成长经历，此情此景、此人此事、此时此刻，怎能缺少地动山摇般的掌声和感天动地的呼喊声。

掌声和呼喊声平息后，王闯突然单膝跪地，递上了一枚璀璨夺目的……

“这枚钻戒，也属于你。你，愿意吗？”

子涵的眼泪顺着脸颊吧嗒吧嗒地掉落下来，落到了手上，落到了戒指上，落到了王闯的心里。

“我愿意！”

子涵接过了戒指，和王闯紧紧相拥在一起。

“亲一个，亲一个，亲一个……”

此情此景、此人此事、此时此刻，怎能缺少惊天地、泣鬼神的起哄声。

王闯和子涵深情拥吻，这一刻，定格成了永恒。

在王闯和 Linda 的号召下，最终有 70 位同事参加了半程马拉松长跑，21 公里，打车都要 70 块钱，彻底挑战了身体的极限。王闯从中感悟到，以跑 1000 米的心态跑马拉松，到 800 米时就很难坚持下去了；以跑全程马拉松的心态跑半程，那就一定可以坚持到终点！心有多大，舞台就有多大；境界有多高，成就就有多高。

就像成功跑下半程马拉松，王闯同样成功跑完了演讲高手这条路。最令他欣慰的是，在旅途当中，他找到了自己的真爱、收获了真挚的友谊、获得了事业上的突破、享受到了成长的快乐。就像子涵曾经所说：这条路上布满荆棘，可能会流血、流汗，但你在这条路上所欣赏到的风景以及不断摘得的果实足以丰满你的灵魂、足以让你成为芸芸众生中的那一位不普通。一段旅途画下句点，新的征程已经开始！

“今天到场的亲朋好友非常多，可以说是高朋满座，各位的到来给这场盛大的婚礼带来了欢乐，也使得这里蓬荜生辉，充满了幸福的气息。下面，我将随机邀请几位亲友，来向我们的新人谢恩和谢嫂（Flora）致祝词。”

主持人王闯正在寻觅，看看谁，会成为，下一个，“倒霉蛋”……

后记

恭喜你，完成了整本书的阅读，相信你一定有所感触。

我想请你再认真思考一下，自己为什么要学习演讲？

可能你觉得，

演讲可以帮助自己找到一份理想工作；

演讲可以助力自己的职业发展；

演讲可以提升自信心……

可能你有很多答案，但所有答案都是围绕自己的收获。作为演讲者，我希望你思考一下你的天赋使命是什么。

我认为，演讲者的天赋使命，是通过演讲，影响别人产生积极的改变。

我曾经担任头马中国大区区长，头马每年的会员流失率是50%，也就是50%的人没有坚持一年就离开了，我对离开的会员做过一些调查，发现他们离开的主要原因是，期望和结果有落差，期望来了之后马上提升，结果是并没有提升很多。

而那些坚持超过一年的会员，他们的期望也是获得提升，但他们愿意主动担任俱乐部的领导角色，帮助其他会员获得提升，结果啊，担任领导角色的这些人提升得更快。因为，领导者触碰到了演讲者的天赋使命，影响别人产生积极的改变。

担任领导者后，虽然时间被占用，但是自己的参与感会更强、责任感也会被激发出来，从而产生成就感和愉悦感，让自己更好地坚持，做更多的刻意练习，这必然会带来更快更好的提升。

我非常喜欢的一句话是美国前总统约翰肯尼迪在就职演讲中讲的：Ask not what your country can do for you,ask what you can do for your country.

不要总是问国家能为你做些什么，应该问你能为国家做些什么。

这句话太重要了，你可以理解为：不要总是问组织能为你做些什么，应该问你能为组织做些什么，这个组织可以是社群、公司、团队或家庭。

一味想要索取的人，往往什么也得不到；而影响别人产生积极改变的人，反而会收获更多。

如果你靠别人的鼓励才能发光，你最多算个灯泡。你需要成为发动机，去影响其他人发光，你自然就是核心。

作为演讲者，演讲是你的武器，你的天赋使命是，通过这个武器来影响别人产生积极的改变。

所以，如果你是学生，你需要通过演讲积极主动竞选班长，服务同班同学，为老师分忧；如果你是员工，你需要通过演讲积极主动为公司付出更多，才能努力升职；如果你是领导，你需要通过演讲积极主动影响团队持续成长；如果你是社会一份子，你需要通过演讲积极主动影响社会上的其他人去追求更加美好的生活……

作为演讲者，你需要积极主动去找到属于自己的舞台，并在舞台之上，尽情绽放，影响台下千千万万的观众。

可能你会觉得，这样是不是很累啊？你知道吗？累有两种，一种是身体累，一种是心累，真正的累不是身体累，而是心累。如果你每天无所事事、如果你感觉碌碌无为、如果你看不到自己对别人的价值，这才是真正的累。忙到极致、内心丰盈，这样带来的身体累，是幸福的累。

可能你会问：演讲舞台在哪里呢？

你知道吗？你和舞台的距离就是，你是否愿意积极主动的去霸占。我这些年在练习演讲的过程中，一直都在主动寻找舞台，尤其是2012年，那时没有名气、也没有影响力，到处做免费演讲、免费分享，去了很多朋友的公司、去了JA等公益社团，当时我特别不要脸，经常会问身边的朋友：你们公司需要我去分享吗？你认识的社团需要我去做分享吗？不要钱。

2008 至 2015 年，整整 7 年，王闯就像我的影子，我在头马一路付出，一路帮助会员成长，没有任何工资拿，很多人问我：你是不是傻？我想说，虽然没有钱，但我在里面获得的收获，是钱买不到的。

2016 年，一位赤峰的朋友问我能不能过去给 1400 名青少年做演讲培训，他包下了一个体育馆，但是，没有报酬。我二话没说就答应了，周六从上海飞到赤峰，周日再回到上海，非常辛苦，但是我觉得值，那是我第一次为这么多青少年做演讲，我又一次触碰到了自己的天赋使命。

2016 年底，我开启了公益性质的全球巡回演讲，不要一分钱的出场费，因为，这是演讲者的天赋使命，完成这些演讲，我会收获很多钱买不到的东西。

最后再问你两个问题：

1. 演讲者的天赋使命，是影响别人产生积极的改变。你具体的天赋使命是什么呢？

2. 提升演讲能力，需要刻意练习，需要坚持刻意练习。该如何才能坚持呢？

带着这两个问题，我为你介绍我在 2016 年年底出版的图书《谁说你不能坚持》中的核心模型：GALA 能量环？

G：Goal（目标）

A：Action（行动）

L：Love（热爱）

A：Adjustment（调整）

目标就是你的天赋使命，我希望你能找个安静的时间，极致专注，拿出一张纸，在上面写下你所有想实现的目标，圈出那个最让你冲动的，很可能就是你具体的天赋使命，比如，我具体的天赋使命是：提升国人的演讲能力。

有了具体的天赋使命后，就开始为它不断行动。你可能会觉得，我的目标好像只是学习演讲，怎么一下子上升到天赋使命了，还记得取其上者、得其中，取其中者，得其下吗？天赋使命这个大目标对应的是大行动，我在成为培训师那一年，演讲能力提升速度快了很多很多。

想要因为坚持获得量到质的改变，必须要热爱这件事。而想要热爱这件事，你需要结识志同道合的伙伴，因为一个人可以走得很快，一群志同道合的人才能走得更远，你需要加入一个正能量的社群，然后主动让自己获得参与感、责任感、成就感和愉悦感。想要让自己爱上演讲这件事，头马或者我创立的坚持星球社群可以帮你实现。

最后是调整，成为演讲高手、实现天赋使命的过程中，会遇到各种各样的困难，这是必然，顺风顺水的温室环境无法激发一个人快速成长，挑战，才是人生最好的礼物。做好心理准备，迎接每一次挑战，生理或心理出现低谷时，就歇一歇，记住，给自己重新开始的机会。

最后，我想告诉你：如果你看完这本书啥也不做，你不会有太多提高；如果你想成为演讲高手，必须要找到自己的天赋使命，并通过演讲这个武器，通过一次次地霸占舞台，来帮助你实现它。你会发现，这个过程，你不仅成为了演讲高手，还找到了人生的方向。这，才是本书最核心的价值！

感谢你的信任，认真读完了这本书，如果你喜欢，也欢迎你把这本书通过演讲的方式介绍给更多的人。

最后，分享一段歌词和一首诗给你，歌词是我和好友乌素一起改编的（想听我唱这首歌，可以扫描下方二维码）

坚持的路上并不太拥挤

很多人走到半路就放弃

如果你也感觉没有动力

就让这首歌给你补气

一路从台下走到了这里
无数次我也想问问自己
坚持演讲并不算容易
什么让我战胜艰辛

坚持到底就算观众已经离席
也答应永远都不让自己放弃
坚持道路很孤寂并不拥挤
未来某天舞台是我的

你我约定要勇敢去霸占舞台
就算是暂时没有很好的口才
我会默默鼓励你坚持到底
而不是讲太多大道理

龙兄献唱啦！

扫码收听

曾几何时，几多迷茫，
夜深人静，些许彷徨。
不断追问生命的意义，
却空添几分惆怅。
不甘做精彩世界的配角，
结果却是更多的忧伤。
难道，灵魂已经死亡？

立志成为命运的主宰，
执掌生命之船的航向，
胸怀天边的光明，
奔向如火的朝阳。

迷茫已经成为过往，
彷徨也将化为希望。
只要从此刻开始，
重谱生命的篇章！

——谨以此诗赠予下一位演讲高手

图书在版编目（CIP）数据
谁说你不能演讲 / 程龙著 . -- 北京 : 电子工业出版社 , 2018.3
ISBN 978-7-121-33062-9

Ⅰ . ①谁… Ⅱ . ①程… Ⅲ . ①演讲 – 语言艺术 – 通俗读物 Ⅳ . ① H019-49

中国版本图书馆 CIP 数据核字 (2017) 第 283728 号

策划编辑：王俊红
责任编辑：王俊红
印　　刷：北京盛通印刷股份有限公司
装　　订：北京盛通印刷股份有限公司
出版发行：电子工业出版社
　　　　　北京市海淀区万寿路 173 信箱　邮编：100036
开　　本：720×1000　1/16　印张：16.25　　字数：260 千字
版　　次：2018 年 3 月第 1 版
印　　次：2019 年 9 月第 7 次印刷
定　　价：55.00 元

凡所购买电子工业出版社图书有缺损问题，请向购买书店调换。若书店售缺，请与本社发行部联系，联系及邮购电话：（010）88254888，88258888。

质量投诉请发邮件至 zlts@phei.com.cn，盗版侵权举报请发邮件至 dbqq@phei.com.cn。

本书咨询联系方式：QQ 53298280。